中国社会科学院创新工程学术出版资助项目

历史学者眼中的毛泽东小丛书

张海鹏 主编

毛泽东与人民

龚云 著

中国社会科学出版社

图书在版编目（CIP）数据

毛泽东与人民／龚云著．—北京：中国社会科学出版社，2015.6
（历史学者眼中的毛泽东小丛书／张海鹏主编）
ISBN 978 – 7 – 5161 – 5868 – 5

Ⅰ．①毛…　Ⅱ．①龚…　Ⅲ．①毛泽东思想—群众路线—研究
Ⅳ．①A841.64

中国版本图书馆 CIP 数据核字（2015）第 064273 号

出 版 人	赵剑英	
策划编辑	郭沂纹	
责任编辑	郭沂纹　安　芳	
责任校对	李小冰	
责任印制	李寡寡	

出　　版	中国社会科学出版社	
社　　址	北京鼓楼西大街甲 158 号	
邮　　编	100720	
网　　址	http://www.csspw.cn	
发 行 部	010 – 84083685	
门 市 部	010 – 84029450	
经　　销	新华书店及其他书店	

印　　刷	北京君升印刷有限公司	
装　　订	廊坊市广阳区广增装订厂	
版　　次	2015 年 6 月第 1 版	
印　　次	2015 年 6 月第 1 次印刷	

开　　本	710×1000　1/16	
印　　张	8.5	
插　　页	2	
字　　数	124 千字	
定　　价	30.00 元	

总　　序

　　2013 年 12 月 26 日是毛泽东诞辰 120 周年。毛泽东去世也已 37 年。毛泽东作为中国近现代史上一个伟大的历史人物，已经进入任人评说的时候。在毛泽东的历史评价上，出现了两极分化。这种两极分化的历史评价，或多或少与他们对现实中国的认识有关，与中国特色社会主义的价值体系有关。这套小丛书拟定了大小适中的选题，约请历史学者，从中国近现代史研究出发，以历史学者的眼光来观察毛泽东，来评价毛泽东，希望给毛泽东这个伟大的历史人物一个符合历史的评价。这些历史学者基于历史事实的分析，希望给大众特别是青年读者以正确的引导。敬请读者不吝赐教。

　　毛泽东是中国近现代史上一个最伟大的、最杰出的历史人物。

　　20 世纪初以来，中国近代历史的第一次飞跃是由我国民主革命的先行者孙中山完成的。他举起资产阶级革命的旗帜，推翻了我国历史上最后一个封建王朝，辛亥革命开启了中国历史进步的新纪元。他的功绩是值得后人纪念的。

　　中国近代历史的第二次飞跃，是在毛泽东领导下的中国共产党人完成的。毛泽东不仅领导中国人民胜利地走完了新民主主义革命的全部历程，而且引领中国走上了社会主义的大道，为中国人民探索中国特色社会主义奠定了雄厚的基础。这一次的历史飞跃，比较第一次历史飞跃，历史意义更大，历史影响更加深远，是要永远彪炳史册的。

从1849年到1949年这一百年，是中国历史上最为惊天动地、惊世骇俗，变动最为剧烈的一百年。从1949年到2049年，是一个中华民族从衰弱走向复兴的一百年。这两个一百年，是要为今后的中国历史学家大书特书的两个一百年。毛泽东正活动在这两个一百年的中间：1949年前的半个世纪，他在剧烈变动的时代中是一个叱咤风云的人，是一个引领时代前进的人，他推动了历史的前进；在1949年后的27年中华民族复兴的途程中，他还是一个呼风唤雨的人，是一个引领时代前进的人，是一个动员了中国全体人民的人，虽然在行进中有些跌跌撞撞，他毕竟在探索中国前进的路。他是一个把毕生毫无保留地献给了中国人民的人！他是一个为国家走向富强工作到最后一息的人。我们的后人将会为中国的发展创下更为伟大的业绩，这是毫无疑问的，但是像毛泽东经历了那样剧烈的世纪变化、那样多风雨兼程、那样多天地开创的人，应该是前无古人，后鲜来者的！

今天，全体中国人在生活中所享受的物质条件都比他那个时代好，但是我们不要忘记，我们都在享受着他的劳绩带给我们的丰泽雨润。

1981年6月，中共十一届六中全会通过了《关于建国以来党的若干历史问题的决议》，对毛泽东的历史地位和他对中国历史的独特贡献作出了科学的评价和总结。中国共产党的领导人邓小平、江泽民、胡锦涛、习近平等都对毛泽东的历史贡献作出了肯定的评价。这些肯定的评价反映了中国绝大多数人民的想法，是尊重历史事实的，是得到人民拥护的。

毛泽东不是圣人，不是神仙，他的一生当然也犯过错误，尤其是他的晚年，所犯错误尤其严重。平心而论，这些错误，不只是毛泽东个人的错误，是那一代人的共同错误，是时代的局限造成的。当然，毛泽东应该承担更多的责任。早日建成社会主义，早日过渡到共产主义，那一代中国人哪一个不是欢欣鼓舞呢？我是那个时代的过来人，是有切身体会的。虽然物质生活匮乏，精神生活是昂扬的，对早日到达共产主义是有追求，是有向往的。但是这种急性病，距离社会现实太远，是不能实现的。这种急性病，带有列宁所批评的共产主义运动中"左派"幼稚病的某些迹象。社会的发展，社会主义的发展，有自己的规律，不能想当然去超越。通过后来的历史发展，我认识到了，体会到了。在一定意义上说，犯这种错误是难免的。这不是为毛泽东的错误开脱。中国共产党人摸索新民主主义革命的规律，从建党到中华人民共和国成立，花了28年。这28年就是一个应该付出的代价。从中华人民共和国成立到1976年"文化大革命"结束，毛泽东去世到十一届三中全会，也是28年，这也是一个应该付出的代价，这以后才可能召开中共十一届三中全会，才可能形成对建设中国特色社会主义的新认识。而且这个认识到现在又过了三十多年，我们还处在继续探索和加深认识之中。

历史人物难以避免时代的局限，这是任何时代的人不能回避的。毛泽东的过人之处就在于，他自己认识到这一点。

毛泽东说过我们不是圣人，难免犯错误。他在1956年总结苏联的教训时说："共产主义运动，从马克思、恩格斯发表《共产党宣言》算起，至今只有一百年多一点的历史。无产阶级专政的历史，从俄国十月革命算起，还不到四十年。实现共产主义，是空前伟大而又空前艰巨的事业。不艰巨就不能说伟大，因为很艰巨才很伟大。在这艰巨斗争的过程中，不犯错误是不可能的，因为我们走的是前无古人的道路。我历来是'难免论'。斯大林犯错误，是题中应有之义。赫鲁晓夫同样也要犯错误。苏联要犯错误，我们也要犯错误。问题在于共产党能够通过批评和自我批评克服自己的错误。"1957年他在省市自治区党委书记会议上讲话说："我们搞革命和建设，总难免要犯一些错误，这是历史经验证明了的。《再论无产阶级专政的历史经验》那篇文章，就是个大难免论。我们的同志谁愿意犯错误？错误都是后头才认识到的，开头都自以为是百分之百的马克思主义。当然，我们不要因为错误难免就觉得犯一点也不要紧。但是，还要承认工作中不犯错误确实是不可能的。问题是要犯得少一些，犯得小一些。"这里说的犯错误，既包括了历史时代的局限可能犯的错误，也包括因认识不足和经验缺乏所犯的错误，还包括因个人原因犯的错误。重要的是，中国共产党能够通过自己的努力来克服错误。中国共产党已经总结了自己的历史，包括毛泽东领导国家时期的历史，克服了以往的错误，中国的事业又重新大踏步前进了。

毛泽东一生革命，一家人中出现了六位烈士。中华人民共和国成立以后，为了保家卫国，他像千千万万普通父母一样，把自己的儿子送到朝鲜战火的前线。他的儿子毛岸英未能幸免于美国军机的炸弹，未能全身返国。毛泽东一生清廉，勤勉从公，没有为子女和亲属留下财产和权力。五千年中国历史里，从古代的皇帝到民国时期的总统，哪一个能与他相比呢？哪一个能像他那样大公无私呢？毛泽东对国家的忠诚和贡献是无与伦比的。

毛泽东是中国近现代历史上最重要的伟大人物，是值得今天的中国人怀念的！无论他的成就或者失误，都将成为我们今后前进的借鉴和财富。

小丛书的写作，立足于历史事实，有史实根据，不收道听途说之论。文字通俗，力求深入浅出。基本观点，贯穿党的历史问题决议，遵守党的十八大精神。书中引语，都有根据，不妄加解释。

小丛书每本十几万字。共列出九本。下面是九本书及其作者。

《毛泽东的学风文风》周溯源　颜兵等（中国社会科学院）

《毛泽东的读书生活》周溯源　刘宇等（中国社会科学院）

《毛泽东与青年》郝幸艳（中国社会科学院）

《毛泽东与人民》龚云（中国社会科学院）

《毛泽东的民族精神》刘书林（清华大学）

《毛泽东与反腐倡廉》王传利（清华大学）

《毛泽东对中国社会主义道路的探索》仝华等（北京大学）

《毛泽东与新中国政治制度的建立》高中华（中共中央党校）

《雄才伟略毛泽东》张海鹏　高中华（中国社会科学院、中共中央党校）

张海鹏

2013 年 10 月 1 日

目　　录

序　言

　　毛泽东是 20 世纪中国的一位伟人，也是一位世界伟人。毛泽东是中国人民的领袖，他的一生献给了中国人民。虽然他已经逝世 37 年，但中国人民始终没有忘怀他。

（一）人民领袖爱人民

　　英国华裔女作家韩素音在《早晨的洪流》中评价毛泽东："他和人民之间有一种亲切的感情上交流，他好像永远生活在群众之中。"①

　　著名作家萧三在《毛泽东的青少年时代和初期革命活动》中认为，"毛泽东同志自小便和广大劳动群众在一道，为群众设想，同情于群众。他自己就是下层群众里面出来的人呵，他和民众有很深的渊源。直到现在他领导党政军民，谆谆教育干部们以群众观点，不断的反三复四，苦口婆心地说，要时时刻刻事事物物都为群众利益着想，只有人民群众是最可靠的，群众力量的源泉是无穷的，人民，只有人

---

　　① 李琦编著：《毛泽东与联系群众》，中央文献出版社 2004 年版，第 58 页。

民，才是创造世界的动力。以及说领导和解决一切问题的方法时，他有两句名言：'从群众来，到群众中去。'而在军事战略上制出'群众战'与'人民战争'一些原则……所有这些未始不都是在小时候就伏下了根的。"① "毛泽东一切著作，思想言论政策，并不是他个人头脑中间空想出来的、虚构出来的，应该说这些都是中国人在各个时期的情感、要求、呼声集中的反映。"②

毛泽东曾经对他的妻子贺子珍说过："我这个人平时不爱落泪，只有三种情况下流过眼泪。"其中一种情况是"我听不得穷苦老百姓的哭声，看到他们流泪，我忍不住要掉泪。"③

1945年元宵节，毛泽东在住处为枣园村24位60岁以上的老人祝寿。一位刘姓老汉双手握着毛泽东的手，边摇边流着泪说："毛主席，你是咱庄户人的大救星，你对咱太仔细了，把什么大大小小的事都办了。咱祖宗三代都没人做过寿呀！"说着说着就大哭起来，旁边的老汉也感动得掉了泪。毛泽东亲切地对他们说："过去是苦，可今天翻了身，当家作主了，大家应该高兴啊！"④

1947年6月8日，毛泽东转战陕北，当刘戡率军直扑王家湾时，毛泽东吩咐部队要有计划地组织老乡转移，并要明确告诉群众部队转移的方向。当时一些老乡向东走了，毛泽东说要赶快追回来，东边是敌人进犯的方向，十分危险。这时有人说，部队总共才几百人，让老乡知道了转移的方向，泄了密，后果不堪设想。毛泽东听了非常生气，严厉地批评了这种意见，还说："一定要让老乡知道，现在军民已凝为一体。我们应该对他们负责到底！"⑤ 这一天，直到傍晚群众全部撤离，毛泽东才放心地离开村子。

解放战争期间撤离延安后，毛泽东东渡黄河，乘坐吉普车，在从

---

① ［美］斯诺等：《早年毛泽东：传记、史料与回忆》，生活·读书·新知三联书店2011年版，第54—55页。

② 同上书，第123页。

③ 李琦编著：《毛泽东与联系群众》，中央文献出版社2004年版，第96页。

④ 同上书，第61页。

⑤ 同上书，第58页。

城南庄去西柏坡的途中，看到一个30多岁的妇女正坐着流泪，旁边躺着一个生命垂危的小女孩。毛泽东无意地朝那孩子看了一眼，眼里便涌起了泪水，嘴唇都颤抖起来，叫道："停车!"车停下来后，毛泽东一改过去警卫员开门扶他下来的惯例，自己跳了下来，大步走到那个女人和孩子身边，摸摸孩子的手和额头，问是什么病。当他听说是伤风着凉后，立刻让车上的医生朱仲丽给孩子看病。等朱仲丽检查后，毛泽东声音颤抖急切地问孩子还有没有救，朱医生说有救，可是他们只剩下一支盘尼西林了，她还说："那是进口药，买不到。你病的时候我都没舍得用，不到万不得已……"毛泽东毫不犹豫地说："现在已经到了万不得已，请你马上给孩子注射。"朱医生给孩子注射后，喂点水，不大工夫，孩子就睁开眼叫了一声"娘……"那妇女给毛泽东下跪哭叫着："菩萨啊，救命的菩萨啊!"毛泽东泪眼模糊，转身吩咐朱医生："你用后边那辆车送这母女回家吧。再观察一下，孩子没事了你再回来。"①

回到住处后，毛泽东竟然连续两天失眠，常常念叨那个孩子，说不知道孩子现在怎么样了，后悔没有将母女俩一道带来，治好再送回去。事情过了几个月，在他过生日那天，本来高高兴兴的，可提到那孩子时，毛泽东眼圈立刻又湿了，饭也没有吃完就独自离开了。他多次感慨："农民缺医少药，闹个病跑几十里看不上医生。要想个法子让医生到农村去。吃了农民种的粮就该为农民治病嘛!"②

1958年下半年，在"大跃进"、人民公社和大炼钢铁高潮时，毛泽东觉察到运动中存在的问题和偏差。11月1日，在河南新乡车站专列上召开座谈会，了解情况。在座谈会上，有人说："工地上的群众情绪很高，干劲很大，苦干实干拼命干，连觉都不睡呢。"毛泽东立刻说："你们的脑子热得很，不睡觉怎么行! 你们对群众睡觉研究不研究? 比如做活紧的时候，要不要就地睡半小时? 每天一觉要睡6小时，睡5小时就是没有完成任务。做活轻松时睡7小时，在工地上让

---

① 李琦编著：《毛泽东与联系群众》，中央文献出版社2004年版，第97页。

② 同上。

群众睡 1 小时、半小时。这要当成任务，要强迫命令。吃饭睡觉都是件大事。要研究这个'睡觉宪法'，成年人每天要睡 8 小时，至少 6 小时，青年人每天要睡 10 小时，最少 8 小时。要'强迫命令'，这个'强迫命令'老百姓欢迎，是强迫干部执行。听田家英同志说，七里营的社员摘棉花，上午的效率比下午高，就是因为中午没有休息好。吃饭、睡觉你们都要当成大事研究，这才叫优越性。优越性觉都不能睡行吗？"① 11 月 14 日下午，毛泽东在湖北听汇报后说："群众积极性越大越要关心群众，不要搞夜战，人过分劳累要害病的。"②

1959 年国庆后，毛泽东南下视察，在山东、安徽等省看到旱情严重，10 月 31 日，到杭州刘庄后，关于安徽、河南、江西等地饿死人的文件、电报就接踵而至。毛泽东对身边工作人员说："全国不少地方遭了灾，许多百姓都在挨饿，我们是不是不吃肉，不喝茶了，我们带个头好吗？"过了几天，当警卫员把一小碗毛泽东最爱吃的红烧肉端给毛泽东时，毛泽东郑重地说："到全国人民都吃上猪肉的时候再吃吧。"③

1960 年是最困难的一年，毛泽东七个月没有吃一口肉。他的餐桌上常常是一盘马齿苋野菜就算一顿饭，或者一盘子炒菠菜就支撑着工作一整天。这样时间长了，他的脚都浮肿了，脚背踝部按下去就是一个坑，久久不能平复。周恩来一次又一次地来劝说："主席，吃口猪肉吧，为全党全国人民吃一口吧！"毛泽东总是固执地摇摇头说："你不是也不吃吗？大家都不吃。"④ 宋庆龄特意从上海赶来，亲自带来一网兜螃蟹，郑重地对毛泽东说："这不是肉，这是螃蟹。"⑤ 毛泽东对宋庆龄始终保持着特殊的敬意，收下了螃蟹。厨师把螃蟹煮好后送来，毛泽东却不吃，把螃蟹送给幼儿园的孩子，自己家里没有留下一只。卫士长李银桥提出给毛泽东的女儿李敏、李讷留几只，被毛泽东制止

---

① 李琦编著：《毛泽东与联系群众》，中央文献出版社 2004 年版，第 215 页。

② 同上书，第 217 页。

③ 同上书，第 244 页。

④ 同上。

⑤ 同上。

了，说："我要带头呢，说了的就要办！"①

作为人民领袖，毛泽东毕生深深地爱着中国人民，为了中国人民的幸福，鞠躬尽瘁，死而后已。

（二）人民领袖人民爱

毛泽东一生心里装着中国人民，中国人民也一直爱戴他，对他晚年的失误也采取了包容谅解的态度。

1927年秋收起义前夕，毛泽东在湖南浏阳县张家坊被地主团防队扣留。在被押解到民团总部途中，毛泽东找机会逃跑。在路上，毛泽东碰到一个农民，这个农民不相信这个衣衫褴褛、面容憔悴的人是坏人，非常信任地和他交了朋友。当地的农民受共产党的影响非常大，毛泽东作为农民的贴心人，对农民具有天然的亲和力。这个农民把他带到自己的家里住，又亲自领着他，把他护送到下一乡，使毛泽东顺利脱险。

毛泽东的保健医生兼秘书王鹤滨回忆新中国成立后的一次国庆节的情景：

在其中一次国庆节时，当群众游行队伍通过天安门前的广场时，忽然，一位头戴绣有花纹帽的维吾尔族老人，从群众的游行队伍中挤出来，径直朝着天安门的方向走过来，维持秩序的执勤战士也未阻拦老人。当他走到御路桥上时，站了下来，大概这是老人选定的最佳位置了。在老人饱经风霜的面庞下，飘着一尺多长的银白色的胡须，被衬托在蓝白色相间的花条纹长衫的胸前，那银须的尖部超越了腰间紧束着的粗布腰带；老人的右肩上，还背着一个白色的褡裢。不知道他老人家经过了多长时间，才跋涉到北京，参加国庆游行，看来老人的目的，是想要亲眼看看民族大家庭的领袖——毛泽东。

他站在金水河的御路桥上，他所选择的最佳位置，是最能清楚地

---

① 李琦编著：《毛泽东与联系群众》，中央文献出版社2004年版，第244页。

看到毛泽东的地方，他前后移动了一下，才调整好位置站下来。他抬着头，用半仰视的目光向天安门的主席台搜索着，当他终于看到毛泽东时，面部露出了幸福而满足的微笑，他把绣花小圆帽摘了下来，持在左手中垂着，然后，将右手横放在左胸前，手掌按在心脏的位置，之后，他又深深地弯下腰去，虔诚地向毛泽东行了一个九十度的鞠躬礼，这一系列的动作是非常郑重的、真挚而缓慢的。

毛泽东看到了老人的动作，他把身体尽可能地向前倾探着，以最大的可能缩短与老人之间的距离，同时挥起了右臂上下摆动着向老人亲切地致意。这无声地交谈，这无声的祝愿，这无声的问候，胜似千言万语。这动人的场面，吸引住了游行的队伍，游行群众停止了前进，都把目光倾注在这位老人和毛泽东的举止上了；这动人的场面，也吸引了观礼台上和天安门下的人们，千万只眼睛的光波激动地闪动着，顾盼在毛泽东和维吾尔族老人的心神交流之间。

游行队伍停滞住了，主席台上、台下的人们都被这一情景感动了……①

这是翻身的人民向人民领袖的最高敬礼。

在四川省炉霍县斯木乡，20世纪50年代农民在山上刻下"毛主席万岁！"五个白色大字，为了防止石灰风化，藏族农民经常修补。

1949年10月1日中华人民共和国成立时，当获得土地的农民向毛泽东发出发自肺腑的欢呼声"毛主席万岁！"时，毛泽东立即向农民传出祝愿的回声"农民同志们万岁！"

开国大典后，毛泽东的女儿李讷对毛泽东好奇地说："爸爸，人民群众喊你万岁，你喊人民万岁，真有意思！"毛泽东激动地说："这样才对得起人民啊！"②

毛泽东时代，人民是使用范围最广和使用频率最高的语词之一。

---

① 王鹤滨：《走近伟人——毛泽东的保健医生兼秘书的难忘回忆》，长征出版社2004年版，第65—66页。

② 李家骥：《我做毛泽东卫士十三年》，中央文献出版社1998年版，转引杨胜群、陈晋主编《亲历者的记忆：协商建国》，生活·读书·新知三联书店2009年版，第359页。

毛泽东一生与中国人民紧密联系在一起，心中始终装着人民，为了中国人民的翻身解放、共同富裕殚精竭虑，他也成为中国人民的人格化身。

著名民主人士黄炎培1949年在《人民日报》发表的文章中写道："有人问：中华人民共和国，中央和各级人民政府，为什么都把'人民'这两个字大书特书起来？好！这问题发得好，要知道就在这个年头发现了'人'认识了'人'。就从这里起，人的生命宝贵起来了，人的生活被重视起来了，人的言论和行动的自由，被重视起来了，我都可以从中间提出证据来。"①

新中国成立后，毛泽东对脱离人民群众的官僚主义、背离人民根本利益的行为深恶而痛绝。到了晚年，毛泽东发动的"文化大革命"已经严重背离和伤害了中国人民利益时，毛泽东却仍然坚信广大人民群众是拥护他、支持他的，相信自己与人民是息息相通的。

著名学者张如心在《毛泽东思想与作风》中认为：毛泽东的人生观是无产阶级人民大众的人生观，也即是马克思主义的人生观。"毛泽东几十年毕生的努力奋斗都是为着广大人民服务的。"② 毛泽东的伟大就在于他深知人民大众的情感和要求，熟悉他们的经验和创造，并且能够在各个时期经过他的调查、研究、分析、综合，然后化成为有条理的纲领、政策、办法，去指导为人民服务。他的一切思想、言论、政策、办法都是从广大人民中间来又回到广大人民中间去。有许多人说毛泽东很天才、很聪明，的确毛泽东是一位中国有史以来，空前未有的天才，但是应该指出：毛泽东的天才并不是什么神秘不可解的，也并不是什么先天的原因造成的，他的天才、聪明、智慧是中国人民的天才、聪明、智慧高度集中的反映。毛泽东是黄帝最优秀的子孙，是中国人民最杰出的代表，但他同时又是世界上人民领袖，科学家、天才、革命家——马克思、恩格斯、列宁、斯大林的忠实门生，他把

---

① 黄炎培：《永远纪念着的1949年："人"的地位被发现了，群众的力量被认识了》，《人民日报》1949年12月31日。

② ［美］斯诺等：《早年毛泽东：传记、史料与回忆》，生活·读书·新知三联书店2011年版，第120页。

世界人类几千年科学思想结晶下来的马克思主义理论和中国革命丰富
生动的实际相结合，他根据马克思主义的科学立场方法从中国实际出
发为广大人民服务，与广大人民的情感、需求相结合，因此他在中国
革命长期斗争中能够把广大人民的天才、聪明、智慧高度地集中起来，
化为自己的天才、聪明、智慧以指导中国人民解放事业，所以毛泽东
是中国最伟大的天才，但他是中国人民的天才，也只有人民的天才才
是人类历史上最伟大的！

　　正是因为如此，所以中国广大人民很喜欢他，拥护他，把他当作
人民的救星，热烈响应他的号召，忠实执行他所提出来的主张，陕甘
宁边区的老百姓到了延安都以和毛泽东见面握手为生平最光荣的事情，
许多劳动英雄人民、诗人歌手赞美他称颂他，说他是太阳照到哪里亮
哪里。去年日本投降之后，毛泽东坐飞机从延安到重庆去商谈和平民
主团结的大计，广大人民都为毛泽东的安全担心，有些人说毛泽东到
重庆等于"刘备过江"不保险……这种对毛泽东的热爱拥护不仅在解
放区是如此，就是大后方的人民包括国民党中许多民主人士也是如此，
中国广大人民对毛泽东这种态度正是他毕生全心全意为中国人民服务
的必然结果。

　　"毛泽东是中国人民的领袖也是中国共产党的领袖，但毛泽东同
时又是中国人民中的一份子，他在中国共产党中间又是一位党员，他
与普通百姓一样服从人民集体制定的法令政策，遵守人民集体创造的
纪律和秩序，他在共产党内和一切党员一样服从党的决议，遵守党的
决定，执行党的纪律，而且做得最好。他是中共领袖，也是中国人民
的领袖，他对人民解放事业有很大贡献，但他非常谦逊虚心，他从来
不摆架子，不要求中国人民对他功劳给什么报酬，这是中国人民所特
有的伟大的本色！"[①]

　　作为人民领袖，毛泽东把被压迫的最下层的群众看作社会的正
统，社会的主人翁，民族国家的主体，他全心全意为他们服务，要

---

　　① ［美］斯诺等：《早年毛泽东：传记、史料与回忆》，生活·读书·新知三联
书店 2011 年版，第 124—125 页。

帮助他们翻身，要领导他们把不合理的旧社会旧世界改造过来；因此他整年整月日里夜里，想的做的，就是如何使广大的群众更加觉悟些，更加聪明有经验些，更加有组织有力量些；因此他非常关心老百姓的疾苦，仔细地倾听老百姓的呼声，处处事事都为老百姓兴利除弊；时时刻刻联系群众，代表群众，保卫他们的利益，使之不受侵害等等。①

毛泽东把自己作为人民群众中的一员，从来不把自己看作高踞于人民之上的特殊人物，和人民群众打成一片，了解人民的所思所想，关心人民的冷暖。

抗日战争时，劳动英雄吴满有见毛泽东时，心里好奇怪：毛主席怎么啥都知道呀？莫说世界大事，就连延安县有多少巫神，吴满有乡开了多少地，他都一清二楚呢！哎呀，可真了不起！毛主席的眼睛，看到每一个地方，每一件事情呢！他真是啥都操上心啦！他这样的注重咱农民，他说："只要把中国农民的事情办好，中国的事情就办好十分之八九啦！"他跟吴满有一同商议：怎么才能使农村的生活过得更美！是的，吴满有报告他：农民"组织起来"了，生产大发展了，生活大转变了。毛主席说的对，还得一步步更往前进呀！②

美国记者斯诺曾描述："我第二次会见他的时候，正是薄暮时分，毛泽东秃着头，没有戴帽子，沿着街道在散步，一边和两个青年农民谈着话，一边热情地演着手势。我起初认不出他就是毛泽东，直到人们指出后才知道的。——虽然南京曾悬赏过二十五万元缉捕他的首级，他却是若无其事地和旁边的散步的人走在一起啊！""这人有一种特殊的东西从异样的程度中产生出来，他综合着、表现着千千万万中国人民，尤其是农民的迫切的要求——这些人，是贫困的、营养不良的、被榨取的、文盲，然而是善良的、慷慨的、英勇的，而且简直是革命

---

① ［美］斯诺等：《早年毛泽东：传记、史料与回忆》，生活·读书·新知三联书店 2011 年版，第 164—165 页。

② 同上书，第 181 页。

的，占全中国人口的广大多数的人类。"[1]

1939 年 9 月 9 日，老舍作为全国文艺界抗敌协会代表，随"全国慰劳总会北路慰问团"抵达延安。在第二天的晚宴上，毛泽东向老舍祝酒，老舍说："毛泽东是五湖四海的酒量，我不能比；我一个人，毛泽东身边是亿万人民群众啊！"[2]

毛泽东一生为了中国人民的幸福生活，殚精竭虑。他晚年犯严重失误的初衷，也是想为中国人民探寻一条通向幸福生活的道路。梳理毛泽东与中国人民的关系，总结毛泽东探寻中国人民梦想的经验教训，对今天的中国共产党来说，具有重要意义。

---

① 斯诺等：《早年毛泽东：传记、史料与回忆》，生活·读书·新知三联书店 2011 年版，第 447 页。

② 艾克恩主编：《延安文艺史》下，河北教育出版社 2009 年版，第 580—581 页。

一

毛泽东的人民观

作为一位伟大的马克思主义者，毛泽东对人民的认识，是建立在科学的认识基础上，形成了以群众路线为主要内容的人民观，成为毛泽东探索中国人民出路的理论基础。

（一）毛泽东人民观的理论基础

在毛泽东看来，人民是一个动态的概念，在不同时期，根据不同的历史任务，人民的内涵是不同的，人民的范围将覆盖绝大多数人。"应该首先弄清楚什么是人民，什么是敌人。人民这个概念在不同的国家和各个国家的不同的历史时期，有着不同的内容。拿我国的情况来说，在抗日战争时期，一切抗日的阶级、阶层和社会集团都属于人民的范围，日本帝国主义、汉奸、亲日派都是人民的敌人。在解放战争时期，美帝国主义和它的走狗即官僚资产阶级、地主阶级以及代表这些阶级的国民党反动派，都是人民的敌人；一切反对这些敌人的阶级、阶层和社会集团，都属于人民的范围。在现阶段，在建设社会主义的时期，一切赞成、拥护和参加社会主义建设事业的阶级、阶层和社会集团，都属于人民的范围；一切反抗社会主义革命和敌视、破坏社会主义建设的社会势力和社会集团，都是人民的敌人。"① 对毛泽东来说，以工农为主体的劳动群众在任何时期、任何国家都是人民的主体。

　　毛泽东对人民的态度随着他的世界观、人生观的变化而发生变化。1942 年，毛泽东《在延安文艺座谈会上的讲话》披露了自己的心路历程："我是个学生出身的人，在学校里养成了一种学生习惯，在一大群肩不能挑手不能提的学生面前做一点劳动的事，比如自己挑行李吧，也觉得不像样子。那时，我觉得世界上干净的人只有知识分子，工人农民总是比较脏的……革命了，同工人农民和革命军的战士在一起了，我逐渐熟悉他们，他们也逐渐熟悉了我。这时，只是在这时，我才根本地改变了资产阶级学校所教给我的那种资产阶级和小资产阶级的感情。这时，拿未曾改造的知识分子和工人农民比较，就觉得知识分子不干净了，最干净的还是工人农民，尽管他们手是黑的，脚上有牛屎，还是比资产阶级和小资产阶级知识分子都干净。"②

　　作为一个出身于劳动人民家庭的政治家，毛泽东与劳动人民的天然联系，使他从小就了解劳动人民的生产、生活，特别是他 6 岁时就开始劳动，从扫地、放牛、打柴、挑水、喂猪、推谷、舂米到犁田、耙田、插秧等农活，他都干过。13—15 岁时，他整天在地里和长工一起劳动。在这种劳动实践过程中，农民的勤劳俭朴、平等助人等优秀品质对他产生了深刻的影响，使毛泽东终身保持了对劳动人民的淳朴的情感。毛泽东进城后还保留着劳动人民的习惯和审美情趣。他对社会上提笼架鸟、游手好闲的生活方式嗤之以鼻，十分反感，甚至对于在公共场合摆放鲜花也觉得是浪费。1964 年他在与汪东兴谈话时曾说：摆设花盆是旧社会留下来的东西，这是封建士大夫阶级、资产阶级公子哥提笼架鸟的人玩的，那些吃了饭没事情做的人，才有闲工夫养花摆花。全国解放已经十几年了，盆花不但没有减少，反而比过去

---

① 《毛泽东文集》第 7 卷，人民出版社 1999 年版，第 205 页。
② 《毛泽东选集》第 3 卷，人民出版社 1991 年版，第 851 页。

发展了，现在要改变，我就不喜欢房子里摆花，白天好像有点好处，晚上还有坏处。我的房子里的花，早就让他们搬了，以后又叫他们把院子里的花也搬了。你们在院子里种了一些树不是很好吗？还可以再种。你们的花窖要取消，大部分花工要减掉、留少数管理庭院。今后庭院要多种树木，多种果树，还可以种点粮食、蔬菜、油料作物。北京市的中山公园和香山要逐步改种些果树和油料作物，这样既好看又实用，对子孙后代有好处。①

近代中国先进文化的熏陶，对毛泽东的人民观产生了重要的影响。"近代以来，资产阶级是弱小的，无产阶级人数也不多，而农民小生产者一直是一片汪洋大海。因此志士仁人追求变革的思想，无不涂上一种理想主义的浪漫色彩。从太平天国的平均主义到神拳义和团的咒词谶语，从早期改良主义的悲苦寻求到康有为的大同世界，从章太炎的五无圣境到无政府主义的和谐自由，无不具有此种特色。……在这样的经济文化环境中生长出来的革命家和思想家，从思维方式到感情因素，伟大如毛泽东，终不能不受到此种历史沉淀的影响。"②

传统的民本思想对毛泽东的人民观的确立产生了重要影响。中国很早就提出"率民以事神，先鬼而后礼"③。周王朝时提出了"民之所欲，天必从之"④，"天视自我民视，天听自我民听"⑤。春秋时思想家提出"民，神之主也。是以圣王先民而后致力于神"⑥，"国将兴，听于民，将亡，听于神"⑦。孟子提出"民贵君轻"思想，"得民心者得天下"⑧。西汉贾谊提出"自古及今，与民为仇者，有迟有速而民必

---

① 《毛泽东思想万岁》，第 332 页。

② 《毛泽东思想研究开拓新领域》，《人民日报》1988 年 3 月 28 日。

③ 《礼记·表记》。

④ 《国语·郑语》。

⑤ 《尚书·泰誓》。

⑥ 《左传》桓公六年。

⑦ 《左传》庄公三十二年。

⑧ 《孟子·离娄章句上》。

胜之"①。宋代包拯提出"且民者，国之本，财用所书，安危所系"②。这些思想，对于饱读古书的毛泽东产生了潜移默化的影响。

1946 年毛泽东在会见安娜·路易斯·斯特朗后，斯特朗认为，"毛泽东通过密切联系人民群众，深入分析和对中国人民的悠久历史进行研究的方法获得了一种关于中国人民的知识，并把它带进了这样的联合政府。他还带来了对中国人民的信念，这种信念不是唯心主义的，而是对中国人民的能力、毅力和可以启发的革命觉悟具有一种永不动摇的信念。他带来了指引航向的能力，分清轻重缓急的能力和估计什么矛盾占了首位的能力。他总是把他的党放在中国和世界的范围之内进行考察。我从未做到使他说出中国共产党将赢得胜利的话。他总是说中国人民将赢得胜利，只要依靠人民，中国共产党将获得成功。他认为，各个政党只要为人民服务就能够长期存在下去。他懂得应该按这样的标准来对自己的工作进行评价。"③

毛泽东对人民的论述，最早是研读了梁启超主编的《新民丛报》第 4 号《新民说》的"论国家思想"的批语："正式而成立者，立宪之国家也。宪法为人民所制定，君主为人民所推戴，不以正式而成立者，专制之国家也，法令由君主制定，君主非人民所心悦诚服者。前者，如现今英日诸国；后者，如中国数千年盗窃得国之列朝也。"④

1919 年 7 月 14 日，毛泽东在《湘江评论》创刊宣言中指出："什么力量最强？民众联合的力量最强。"⑤

同年，毛泽东在《湘江评论》发表《民众的大联合》，提出："国家坏到了极处，人类苦到了极处，社会黑暗到了极处。补救的方法，改造的方法，教育，兴业，努力，猛进，破坏，建设，固然是不错，有为这几样根本的一个方法，就是民众的大联合。"⑥"民众的大联合，

---

① 贾谊：《新书·大政篇》。

② 《包拯集》卷七。

③ 《毛泽东自述》，人民出版社 1996 年版，第 307 页。

④ 韶山纪念馆藏：《新民丛报》第 4 号，影印件。

⑤ 《毛泽东早期文稿（1912.6—1920.11）》，湖南出版社 1990 年版，第 292 页。

⑥ 同上书，第 338 页。

何以这么厉害呢？因为一国的民众，总比一国的贵族资本家及其他强权者要多。"①

　　毛泽东的《民众的大联合》表达了他对民众的最初看法。近代著名学者胡适认为毛泽东《湘江评论》第二、三、四期的《民众的大联合》，"是一篇大文章，眼光很远大，议论很痛快，的确是现今的重要文字……"②

　　毛泽东确立马克思主义信仰后，马克思主义的唯物史观坚定了毛泽东的人民立场，使毛泽东对人民的朴素情感上升为理性认知。毛泽东的人民观主要是围绕着群众路线展开的。毛泽东的人民观最有特色的论述是关于群众路线的思想。

　　群众路线是毛泽东为了实现人民的解放在领导中国人民在革命建设实践中形成完善的。早在大革命时期，毛泽东在《中国社会各阶级的分析》一文中就提出中国共产党与群众的关系问题，他指出"革命党是群众的向导"。1929 年 12 月，在毛泽东起草的古田会议决议中，他指出，红军"离了对群众的宣传、组织、武装和建设革命政权等目标，就是失去了打仗的意义，也就是失去了红军存在的意义"，批评了"不愿意艰苦地做细小严密的群众工作，只想大干"的主观幻想。1934 年 1 月毛泽东在江西瑞金召开的第二次全国苏维埃代表大会的结论报告中，提出要关心群众生活，注意工作方法的命题。他认为，"组织革命战争和改良群众生活，这是我们的两大任务"，要"关心群众的痛痒"，要"真心实意地为群众谋利益"，"要使广大群众认识我们是代表他们的利益的，是和他们呼吸相通的"。毛泽东关于群众路线理论的成熟和系统总结概括是在延安时期。在中共七大上，他提出"共产党员的一切言论行动，必须以合乎最广大人民群众的最大利益，为最广大人民拥护为最高标准"，并将群众路线概括为党的三大作风之一。为此，他提出"有两种团结是必要的：一种是党内的团结，一种是党和人民的团结。这些就是战胜艰难环境的无价之宝"。群众路

---

①　《毛泽东早期文稿（1912.6—1920.11）》，湖南出版社 1990 年版，第 339 页。
②　胡适：《介绍新出版物》，《每周评论》第 36 号（1919 年 8 月 24 日）。

线成为毛泽东思想的重要部分，成为全党的共识，被写入七大党章。新中国成立后，毛泽东总结民主革命取得胜利的经验时说，"基本的条件是我们代表着人民的希望和方向。""我们相信，只要依靠人民，世界上就没有攻不破的'法宝'。"1956年社会主义制度基本确立后，毛泽东提出社会主义制度下中国共产党的领导与群众的关系问题。他指出："领导我们革命事业的核心是我们的党"，但"单有党还不行，党是一个核心，它必须有群众"。党的核心作用体现在全体党员"在人民中间更好地起核心的作用"等。

毛泽东在成为马克思主义者后，关于人民的大量论述，构成了完整的毛泽东人民观。毛泽东关于人民观的内容主要包含以下几个方面。

（二）毛泽东人民观的主要内容

1. 牢固树立群众观点

马克思主义唯物史观关于人民的基本观点就是人民是历史的创造者。人民是社会物质财富和精神财富的创造者，是创造人类历史的主体，但自从人类进入阶级社会以后，人民，特别是劳动群众就成为历史的沉默的大多数。在现实生活中，处于被压迫和被剥削的地位，在历史书写中，处于被漠视的境地。毛泽东在接受马克思主义后，就改变了自己看不起劳动人民的看法，高度重视人民群众的重要作用。毛泽东人民观的首要方面是要牢固树立群众观点。"有无群众观点是我们同国民党的根本区别，群众观点是共产党员革命的出发点与归宿。从群众中来，到群众中去，想问题从群众出发就好办。"[1]

人民是创造历史的动力。"人民，只有人民，才是创造世界历史

---

① 《毛泽东文集》第3卷，人民出版社1996年版，第71页。

的动力。"① "群众是真正的英雄，而我们自己则往往是幼稚可笑的，不了解这一点，就不能得到起码的知识。"② "真正的铜墙铁壁是什么？是群众，是千百万真心实意地拥护革命的群众。这是真正的铜墙铁壁，什么力量也打不破的，完全打不破的。"③ "只有坚决地广泛地发动全体的民众，方能在战争的一切需要上给以无穷无尽的供给。"④ "依靠民众则一切困难能够克服，任何强敌能够战胜，离开民众则将一事无成。"⑤ "党群关系好比鱼水关系。如果党群关系搞不好，社会主义制度就不可能建成；社会主义制度建成了，也不可能巩固。"⑥

中国共产党的宗旨是为人民服务。"全心全意地为人民服务，一刻也不脱离群众；一切从人民的利益出发，而不是从个人或小集团的利益出发；向人民负责和向党的领导机关负责的一致性；这些就是我们的出发点。"⑦ "共产党就是要奋斗，就是要全心全意为人民服务，不要半心半意或者三分之二的心三分之二的意为人民服务。"⑧

中国共产党要代表人民群众根本利益。"马克思列宁主义的基本原则，就是要使群众认识自己的利益，并且团结起来，为自己的利益而奋斗。"⑨ "共产党人的一切言论行动，必须以合乎最广大人民群众的最大利益，为最广大人民群众所拥护为最高标准。"⑩

中国共产党的权力是人民授予的。"我们的权力是谁给的？是工人阶级给的，是贫下中农给的，是占人口百分之九十以上的广大劳动

---

① 《毛泽东选集》第3卷，人民出版社1991年版，第1031页。

② 同上书，第790页。

③ 《毛泽东选集》第1卷，人民出版社1991年版，第139页。

④ 《毛泽东选集》第2卷，人民出版社1991年版，第492页。

⑤ 《毛泽东军事文集》第2卷，军事科学出版社、中央文献出版社1993年版，第381页。

⑥ 《建国以来毛泽东文稿》第6册，中央文献出版社1992年版，第547页。

⑦ 《毛泽东选集》第3卷，人民出版社1991年版，第1094—1095页。

⑧ 《毛泽东文集》第7卷，人民出版社1999年版，第285页。

⑨ 《毛泽东选集》第4卷，人民出版社1991年版，第1318页。

⑩ 《毛泽东选集》第3卷，人民出版社1991年版，第1096页。

群众给的。我们代表了无产阶级,代表了人民群众,打倒了人民的敌人,人民就拥护我们。"① "只有代表群众才能教育群众,只有做群众的学生才能做群众的先生。如果把自己看作群众的主人,看作高踞于'下等人'头上的贵族,那末,不管他们有多大的才能,也是群众所不需要的,他们的工作是没有前途的。"②

中国共产党不能脱离群众。"共产党基本的一条,就是直接依靠广大革命人民群众。"③

"共产党员决不可脱离群众的多数,置多数人的情况于不顾,而率领少数先进队伍单独冒进;必须注意组织先进分子和广大群众之间的密切联系。这就是照顾多数的观点。"④ "我们共产党人好比种子,人民好比土地。我们到了一个地方,就要同那里的人民结合起来,在人民中间生根、开花。"⑤ "共产党员在民众运动中,应该是民众的朋友,而不是民众的上司,是诲人不倦的教师,而不是官僚主义的政客。共产党员无论何时何地都不应以个人利益放在第一位,而应以个人利益服从于民族的和人民群众的利益。"⑥

中国共产党应该接受群众的监督。"共产党是为民族、为人民谋利益的政党,它本身决无私利可图。它应该受人民的监督,而决不应该违背人民的意旨。它的党员应该站在民众之中,而决不应该站在民众之上。"⑦ "我们要加强党内的自我批评和依靠广大劳动人民的监督来克服缺点和错误,这是主要的一面。但是我们还应当借助于各民主党派和无党派民主人士的批评来克服缺点和错误。不管他们的批评有许多常常是从右的方面出发的,但是能够引起注意问题的所在,使我们能够及时地解决这方面发生的问题。这也是监督的一个方面。这对

---

① 《建国以来毛泽东文稿》第 12 册,中央文献出版社 1998 年版,第 581 页。
② 《毛泽东选集》第 3 卷,人民出版社 1991 年版,第 864 页。
③ 《建国以来毛泽东文稿》第 12 册,中央文献出版社 1998 年版,第 581 页。
④ 《毛泽东选集》第 2 卷,人民出版社 1991 年版,第 525—526 页。
⑤ 《毛泽东选集》第 4 卷,人民出版社 1991 年版,第 1162 页。
⑥ 《毛泽东选集》第 2 卷,人民出版社 1991 年版,第 522 页。
⑦ 《毛泽东选集》第 3 卷,人民出版社 1991 年版,第 809 页。

于我们党，对于社会主义事业是有益无害的。"①

2. 自觉贯彻群众路线

群众路线是中国共产党的生命线和根本工作路线。"共产党的路线，就是人民的路线。"② 毛泽东是党的群众路线的主要创立者。美国长期从事毛泽东研究的著名学者斯图尔特·施拉姆认为，"毛泽东思想中充分阐释了领导者和群众之间诸如此类的各种关系。总的来说，群众路线是贯穿此类关系的核心概念。"践行群众路线，最基本的就是"要同群众的需要和愿望息息相通"。密切联系群众，就是要做到"细心地倾听群众的呼声"，尤其要善于倾听老百姓的"闲话"。

毛泽东认为，群众路线就是："在我党的一切实际工作中，凡属正确的领导，必须是从群众中来，到群众中去。这就是说，将群众的意见（分散的无系统的意见）集中起来（经过研究，化为集中的系统的意见），又到群众中去作宣传解释，化为群众的意见，使群众坚持下去，见之于行动，并在群众行动中考验这些意见是否正确。然后再从群众中集中起来，再到群众中坚持下去。如此无限循环，一次比一次地更正确、更生动、更丰富。这就是马克思主义的认识论。"③ "我们应该走到群众中间去，向群众学习，把他们的经验综合起来，成为更好的有条理的道理和办法，然后再告诉群众（宣传），并号召群众实行起来，解决群众的问题，使群众得到解放和幸福。"④ "要联系群众，就要按照群众的需要和自愿。一切为群众的工作都要从群众的需要出发，而不是从任何良好的个人愿望出发。……这里是两条原则：一条是群众的实际上的需要，而不是我们脑子里头幻想出来的需要；一条是群众的自愿，由群众自己下决心，而不是由我们代替群众下

---

① 《建国以来毛泽东文稿》第 6 册，中央文献出版社 1992 年版，第 146—147 页。

② 《毛泽东文集》第 2 卷，人民出版社 1993 年版，第 409 页。

③ 《毛泽东选集》第 3 卷，人民出版社 1991 年版，第 899 页。

④ 同上书，第 933 页。

决心。"①

毛泽东认为，自觉贯彻群众路线，要求"我们共产党员，无论在什么问题上，一定要能够同群众相结合"，"应该走到群众中间"，"深入群众"，"与群众亲密地结合起来"，"在思想上情感上同人民打成一片"。"要学习群众的语言"等。

毛泽东提出，自觉贯彻群众路线，"必须反复教育外来干部，注重调查研究，熟悉地理民情，并下决心和东北人民打成一片"。他还进一步指出："我们的方法，就是从战争、从群众工作、从土地问题改善人民生活，从其他一切努力，去增加革命力量，减少反动力量，使双方力量对比发生有利于我的变化。其中重要的是充分发动群众，使我党与人民密切地结合起来。只要广大人民的力量增加到我们方面，就会使敌我力量发生有利于我的变化，建立根据地，使敌人无法战胜我们。"

3. 始终站稳群众立场

毛泽东认为，践行群众路线，必须首先解决立场问题。他说："为什么人的问题，是一个根本的问题，原则的问题。"② 他还指出了剥削阶级的"爱民"与中国共产党的"爱民"的本质不同。他指出，"国民党也需要老百姓，也讲'爱民'。不论是中国还是外国，古代还是现在，剥削阶级的生活都离不了老百姓。他们讲'爱民'是为了剥削，为了从老百姓身上榨取东西，这同喂牛差不多。喂牛做什么？牛除耕田之外，还有一种用场，就是能挤奶。剥削阶级的'爱民'同爱牛差不多。我们不同，我们自己就是人民的一部分，我们的党是人民的代表，我们要使人民觉悟，使人民团结起来。在这个问题上，我们同国民党是对立的，一个要人民，一个脱离人民。"

4. 做好群众工作

践行群众路线的具体体现就是要做好群众工作。围绕做好群众工作，毛泽东结合不同时期的历史任务，有过大量论述。

---

① 《毛泽东选集》第3卷，人民出版社1991年版，第1012—1013页。

② 同上书，第857页。

做好群众工作，是全党的事，是所有人的事。毛泽东要求："应通令一切党、政、军、民一齐动手做群众工作，将一齐动手打敌人，一齐动手生产自给，和一齐动手做群众工作三者结合起来。总之，一切依靠最广大群众力量去解决问题，放手将解决问题的责任交给各分区，交给广大群众。"①

不同时期，群众工作的具体任务不一样。民主革命时期，毛泽东指出了群众工作的具体要求："领导农民的土地斗争，分土地给农民；提高农民的劳动热情，增加农业生产；保障工人的利益；建立合作社；发展对外贸易；解决群众的穿衣问题，吃饭问题，住房问题，柴米油盐问题，疾病卫生问题，婚姻问题。总之，一切群众的实际生活问题，都是我们应当注意的问题。"② 社会主义改造结束后，毛泽东提出社会主义制度下的群众工作的主要任务是："提出正确处理人民内部矛盾的问题，以便团结全国各族人民进行一场新的战争——向自然界开战，发展我们的经济，发展我们的文化，使全体人民比较顺利地走过目前的过渡时期，巩固我们的新制度，建设我们的新国家，就是十分必要的了。"③

做好群众工作，要从与群众相关的实际问题做起。"我们应该深刻地注意群众生活的问题，从土地、劳动问题，到柴米油盐问题。妇女群众要学习犁耙，找什么人去教她们呢？小孩子要求读书，小学办起了没有呢？对面的木桥太小会跌倒行人，要不要修理一下呢？许多人生疮害病，想个什么办法呢？一切这些群众生活上的问题，都应该把它提到自己的议事日程上。应该讨论，应该决定，应该实行，应该检查。要使广大群众认识我们是代表他们的利益的，是和他们呼吸相通的。要使他们从这些事情出发，了解我们提出来的更高的任务，革命战争的任务，拥护革命，把革命推到全国去，接受我们的政治号召，为革命的胜利斗争到底。"④

----

① 《毛泽东文集》第 3 卷，人民出版社 1996 年版，第 280—281 页。
② 《毛泽东选集》第 1 卷，人民出版社 1991 年版，第 136—137 页。
③ 《毛泽东文集》第 7 卷，人民出版社 1999 年版，第 216 页。
④ 《毛泽东选集》第 1 卷，人民出版社 1991 年版，第 138 页。

要扩大群众工作对象。"无产阶级、农民、城市小资产阶级的广大群众,有待于我们宣传、鼓动和组织的工作。资产阶级抗日派的和我们建立同盟,也还待我们的进一步工作。把党的方针变为群众的方针,还须要我们长期坚持的、百折不挠的、艰苦卓绝的、耐心而不怕麻烦的努力。"①

必须解决群众的利益问题。"一切空话都是无用的,必须给人民以看得见的物质福利。……我们的第一个方面的工作并不是向人民要东西,而是给人民以东西。我们有什么东西可以给予人民呢?就目前陕甘宁边区的条件说来,就是组织人民、领导人民、帮助人民发展生产,增加他们的物质福利,并在这个基础上一步一步地提高他们的政治觉悟与文化程度。"②"群众生产,群众利益,群众经验,群众情绪,这些都是领导干部们应时刻注意的。"③

5. 提高群众工作本领

做好群众工作,是一项要求很高的工作,单凭热情是不够的,还要有过硬的本领。如何提高群众工作本领,毛泽东结合革命和建设实践,总结了一系列经验。

要讲究方法。"我们是革命战争的领导者、组织者,我们又是群众生活的领导者、组织者。组织革命战争,改良群众生活,这是我们的两大任务。……我们不但要提出任务,而且要解决完成任务的方法问题。我们的任务是过河,但是没有桥或没有船就不能过。不解决桥或船的问题,过河就是一句空话。不解决方法问题,任务也只是瞎说一顿。"④"从群众中集中起来又到群众中坚持下去,以形成正确的领导意见,这是基本的领导方法。在集中和坚持过程中,必须采取一般号召和个别指导相结合的方法,这是前一个方法的组成部分。"⑤"必须重视人民的通信,要给人民来信以恰当的处理,满足群众的正当要

① 《毛泽东选集》第1卷,人民出版社1991年版,第278—279页。
② 《毛泽东文集》第2卷,人民出版社1993年版,第467页。
③ 《解放日报》1943年11月24日。
④ 《毛泽东选集》第1卷,人民出版社1991年版,第139页。
⑤ 《毛泽东选集》第3卷,人民出版社1991年版,第900页。

求，要把这件事看成是共产党和人民政府加强和人民联系的一种方法，不要采取掉以轻心置之不理的官僚主义的态度。"① "解决人民内部矛盾，不能用咒骂，也不能用拳头，更不能用刀枪，只能用讨论的方法，说理的方法，批评和自我批评的方法，一句话，只能用民主的方法，让群众讲话的方法。"②

要听取群众的意见。"我们十分注意倾听人民的意见。我们通过村、乡镇、区、县的群众大会，也就是我们区域内任何地方的群众大会，通过党员同各阶层人士的交谈，通过各种会议、报纸和群众的来电来信等等一切能听到人民呼声的渠道，总是能发现群众的真正的意见。"③ "党和群众的关系的问题，应当是：凡属人民群众的正确的意见，党必须依据情况，领导群众，加以实现；而对于人民群众中发生的不正确的意见，则必须教育群众，加以改正。"④

要适应群众的觉悟和水平。"在一切工作中，命令主义是错误的，因为它超过群众的觉悟程度，违反了群众的自愿原则，害了急性病。我们的同志不要以为自己了解了的东西，广大群众也和自己一样都了解了。群众是否已经了解并且是否愿意行动起来，要到群众中去考察才会知道。如果我们这样做，就可以避免命令主义。在一切工作中，尾巴主义也是错误的，因为它落后于群众的觉悟程度，违反了领导群众前进一步的原则，害了慢性病。" "善于把党的政策变为群众的行动，善于使我们的每一个运动，每一个斗争，不但领导干部懂得，而且广大的群众都能懂得，都能掌握，这是一项马克思列宁主义的领导艺术。我们的工作犯不犯错误，其界限也在这里。"⑤

毛泽东的人民观是毛泽东思想的重要内容，是践行群众路线的行动指南，是今天仍然需要值得重视并在实践中予以落实的宝贵思想财富，是中国共产党解决脱离群众问题的重要理论凭借。

---

① 《毛泽东文集》第6卷，人民出版社1999年版，第164页。
② 《毛泽东文集》第8卷，人民出版社1999年版，第291页。
③ 《毛泽东文集》第3卷，人民出版社1996年版，第189页。
④ 《毛泽东选集》第4卷，人民出版社1991年版，第1310页。
⑤ 同上书，第1319—1320页。

（三）牢牢依靠人民群众

毛泽东领导中国人民翻身解放过程中，亲身践行自己的人民观，始终牢牢依靠人民群众，一切为了人民群众。毛泽东早在建党前就充分认识到了群众的力量。他年轻时批评辛亥革命："幸（辛）亥革命，似乎是一种民众的联合，其实不然。幸（辛）亥革命，乃留学生的发踪指示，哥老会的摇旗唤呐，新军和巡防营一些丘八的张弩拔剑所造成的，与我们民众的大多数，毫无关系。我们虽赞成他们的主义，却不曾活动。他们也用不着我们活动。"①

1919 年毛泽东在《湘江评论》发刊词中指出："世界什么问题最大？吃饭问题最大。什么力量最强？民众联合的力量最强。什么不要怕？天不要怕，鬼不要怕，死人不要怕，官僚不要怕，军阀不要怕，资本家不要怕。"

中共二大指出："我们既然是为无产群众奋斗的政党，我们便要'到群众中去'，要组成一个大的'群众党'。"这个党不仅"内部必须有适应于革命的组织与训练"，而且"党的一切运动都必须深入到广大的群众里面去"，都"必须是不离开群众的"。

军阀何键在抗战期间看到《延安一月》一书后说：共产党组织民众，唤起民众是真实的，毛泽东真有一套理论和办法。

中国共产党是中国第一个扎根于劳动人民中间、扎根于被压迫群众中间的政治组织，在中共成立的第二年到第三年，就掀起了中国近代史上第一次工人运动高潮，罢工 100 多次，罢工工人 30 多万，运动持续 13 个月之久。1922 年 5 月在广州召开的第一次全国劳动大会，成为中国工人阶级的第一次全国性盛会，代表 110 多个工会和 34 万有组织的工人。

此情此景，令孙中山感慨不已。他对追随者说："我们的革命运

---

① 《毛泽东早期文稿》，湖南出版社 1990 年版，第 389 页。

动，黄花岗、潮州之役，人数极少；镇南关之役不过 200 人；钦廉之役不过 100 余人；现在中共组织工农运动，群众一起来，动辄成千逾万；开滦罢工、'二·七'罢工规模浩大，震惊中外，其势尤不可侮！"①

孙中山决定与中共进行合作，唤起民众。当孙夫人宋庆龄问他为什么这么做决定时，他回答："国民党正在堕落中死亡，因此要救活它就需要新鲜血液。"②

孙中山后来在《国事遗嘱》中说："余致力国民革命凡 40 年，其目的在求中国之自由平等。积 40 年之经验，深知欲达到此目的，必须唤起民众及联合世界上以平等待我之民族，共同奋斗。"③

毛泽东领导中国人民实现翻身解放时，始终注重维护群众利益。在井冈山革命根据地时，他领导工农革命军制定了"三大纪律，八项注意"：第一，一切行动听指挥；第二，不拿群众一个红薯（后改为"不拿群众的一个鸡蛋"）；第三，打土豪要归公。先是六项注意：（1）上门板；（2）捆铺草；（3）说话和气；（4）买卖公平；（5）借东西要还；（6）损坏东西要赔偿；后来加上"洗澡避女人"和"大便找厕所"，再后来又提出"不搜俘虏腰包"和"进出要做宣传"。成为十项注意。再后来又将新增加的四项合并为"不得胡乱屙屎"和"不搜敌兵腰包"两项，使十项注意恢复为八项注意。

为了督促广大指战员认真执行群众纪律，工农革命军各连的党支部都把三大纪律八项注意当作检查行动的标准。前委还专门成立了"纪律检查组"，负责检查各部队遵守群众纪律的情况。当部队离开一个地方时，"纪律检查组"的成员就分头到群众中去了解情况，听取意见，推动部队严格执行群众纪律，维护群众利益。毛泽东更是以身作则，经常教育干部战士不能侵犯老百姓的利益，老百姓的一根稻草、一个鸡蛋、一针一线都不能拿，使部队懂得工农革命军来自人民、属

---

① 转引自金一南《苦难辉煌》，华艺出版社 2009 年版，第 11 页。

② 同上。

③ 孙中山：《国事遗嘱》，《孙中山全集》第 11 卷，中华书局 1986 年版，第 639 页。

于人民的道理。有一次，毛泽东发现个别战士吃了群众地里的苞谷。毛泽东一面对违反纪律的战士进行批评，一面让人找来一根竹牌子，亲自在上面写了字，把牌子插到群众的苞谷地里。竹牌子上写着："因为我军战士肚子饿了，为了充饥，把你的苞谷吃了，违反了纪律，现把二元钱埋在土下，请收下。"群众看了这块牌子，都非常感动，纷纷称赞工农革命军纪律严明，爱护百姓。

　　毛泽东本人带头遵守群众纪律。1947 年 10 月底的一天，毛泽东带着女儿李讷从李家坪赶回神泉堡。在回去的路上，大家走得又累又渴又饿。毛泽东让大家在一个村旁停下来，吃过午饭再赶路。吃过午饭后，照看李讷的小韩阿姨带着李讷在村边散步。走着走着，她们看到村边有一棵大枣树，树上熟透了的红枣掉在地上。小韩阿姨从地上捡起几个枣子，用衣服擦干净后，顺手就递给李讷吃。正当她俩吃枣子时，毛泽东刚好走了过来，严肃地说："你们怎么吃老乡的枣呢？我们有纪律，不能拿老百姓的一针一线。"小韩阿姨解释说："这枣不是我们摘的，是掉在地下的，我们只是捡几个尝尝。"毛泽东说："你们在枣树下吃枣，群众见了，怎么知道是摘的还是捡的呢？这样做可不好，我们每一个人都要自觉地遵守群众纪律。""我们要做到'瓜田不纳履，李下不整冠'呢！"①

　　在回到神泉堡后的一天，毛泽东带着李银桥和几名警卫步行去葭县县城（今佳县），在路上，一些熟透了的枣子散落在地。一个新战士顺便捡了几个枣，边吃边对李银桥说："组长，俺早就听说黄河边上枣核小肉厚，又脆又甜，果然不假……"② 这话早让毛泽东听见了，他立马转过头来批评这名战士。新战士急忙解释说是从地上捡的。毛泽东说："地上的枣是哪里来的？枣子熟了，当然要掉到地上，总不会往天上飞吧。"这个战士急忙将手里的枣扔回路边。另一个战士不解地说："枣子掉在路上，踩坏了挺可惜的，还不如吃了好呢。"

①　李琦编著：《毛泽东与联系群众》，中央文献出版社 2004 年版，第 92—93页。

②　同上书，第 93 页。

毛泽东认真地说："踩坏了可惜，你可以把它捡起来放到树下嘛。老乡如果见你在吃枣，也分不清你是捡的还是摘的，会有意见的。"大家一听，觉得是这个道理，便一起将掉在沿途的枣子都捡了起来，堆放在路边的枣树下。毛泽东很高兴，表扬说："这就对了。我们要时刻牢记着，我们是伟大的人民解放军，解放军是有严格纪律的，不拿群众一针一线。无论走到哪里，我们都要严格做到。你们都是我身边的人，不仅要严格要求别人，更要严格要求自己。'正人先正己'，事情就好办了。"①

毛泽东注意倾听群众意见，包括负面的意见。1941 年 6 月 3 日，陕甘宁边区政府在小礼堂召开县长联席会议讨论征粮问题时，突然打雷，出席会议的延川县政府代县长李彩云被雷电劈死。这件事传出去后，有个来延安赶集的农民说："老天爷不开眼，雷劈死了县上的干部。雷公为什么不劈死毛主席？"② 当时有人主张将这个农民抓起来。毛泽东听到这话后，没有叫人去追查这个农民，而是向下面的干部群众了解被骂的原因。他对边区保安处的同志说："群众的意见反映了我们工作上有毛病，有些问题需要我们去解决。要允许人家讲话，讲错了不要紧。人家说救国公粮太重，这是实际情况。1940 年以来，人们的负担是加重了。人家说共产党的经是好经，让歪嘴和尚念歪了，说明他是拥护共产党的，只是对我们的工作作风有意见嘛。"③ 后来查明原因后，毛泽东指示有关部门减轻征收公粮任务，从 20 万担减为 16 万担。

还有一次，一支从前线返回的部队到一个村子宿营。警卫员去找房子，在一户老乡的门上敲了很久没有人开门。警卫员有点不耐烦，就使劲敲了起来。门开了，一位白发苍苍的老太太走了出来，不高兴地说："你们是八路军吗？怎么能这样对待老百姓？"警卫员解释说："我是给首长找房的。"老太太听了更生气，说："干部越大越得讲群

---

① 李琦编著：《毛泽东与联系群众》，中央文献出版社 2004 年版，第 93 页。

② 同上书，第 66 页。

③ 同上书，第 67 页。

众纪律！"这件事反映到毛泽东那里，他非常严肃地说："老太太做得对！"①

1944年，有个老乡针对部队个别同志没有认真执行群众纪律给军分区司令员提意见，毛泽东听后很高兴。他在接见新四旅的干部时说到这件事："这是天大的好事！那个老乡很有觉悟；中国几千年的历史，都是老百姓受政府的气，受当兵的欺负，他们敢怒不敢言。现在这个老乡敢向我们分区司令员提意见，敢批评这位'长官'，你们看这有多好！这是多么了不起的变化！"1945年，他在延安枣园乡和农民座谈时说："批评我们就是帮助革命。只有批评我们，才能纠正错误，把工作做好，才能早日胜利。"②

在革命战争期间，毛泽东处处想着群众。1947年3月，国民党的军队开始轰炸延安，彭德怀劝说毛泽东撤离延安。毛泽东坚定而明确地说："决不先走，我是要最后撤离延安的。我还要看看胡宗南的兵是什么样呢！"③ 他对劝他撤退的新四旅副旅长程悦来和16团团长袁学凯说："你们代我谢谢同志们。好多地方来电报，催我过黄河，彭老总更是急得不得了。中央有个安全的环境，对指挥全国作战的确有好处。不过我有些想法。其一，我们在延安住了十来年，一直处在和平环境中，现在一有战争就走，我无颜对陕北乡亲，日后也不好再见面。难道我们还不如刘备？刘备撤退还舍不得丢下新野县的老百姓，我们共产党人总比刘备强嘛！我决心和陕北的乡亲们一起，不打败胡宗南决不过黄河！其二，现在几个解放区刚刚夺得主动权，我留在陕北，蒋介石就不敢把胡宗南投入别的战场。我在这里拖住他的'西北王'，其他战场就可以减轻压力。"④

毛泽东与群众平等，不搞特殊。1947年秋季的一天，毛泽东到葭县白云山看庙会。有人搬来一条凳子，反复请毛泽东坐下，毛泽东都

①　李琦编著：《毛泽东与联系群众》，中央文献出版社2004年版，第68页。
②　同上书，第69页。
③　同上书，第73页。
④　同上书，第74页。

拒绝了，连声说："要不得！要不得！乡亲们都站着，我一个人坐着，那不是太孤立了么？"①

军队作家王树增写的《解放战争》，提供了人民群众支持共产党的丰富史实。

西北战场，部队缺粮。一位父亲和弟弟牺牲、丈夫在前线的农村妇女，挖出坚壁在山里仅有的十几斤谷子，连夜碾米，第二天送给部队，背上的孩子却饿死了。

彭德怀元帅说，人民恩德如山，佳县人民吃野菜、树叶、树皮、观音土，把所有食物——仅有的粮食、正在生长的青玉米、羊和驴，全部支援部队。一仗打完，全县很长时间看不到羊和驴，老百姓毫无怨言。

东北战场，一个败下来的国民党军队营长，被从战场边缘铺天盖地涌来的景象所震撼：成千上万的人，给人民解放军送来军火弹药和大饼、窝头、大葱、猪肉，运走伤员和战利品。他如梦初醒：国民党军队为什么没有希望。

苏中战役，华野主力3万人，直接参加战斗的群众14万人，支前民工50万人，1万多条民船转运粮食、弹药、兵员和伤员。

淮海战役期间，一个叫朱家宅子的小村，120户人家，1947年2月15日这一天，摊1850斤煎饼、烙1200斤白面饼、磨1800斤面粉、筹集6000斤柴草，用小推车送给部队。

到前线采访的外国记者写道，人民的支持抵消美国向国民党提供的任何数量的军事技术援助，成为古往今来"军事公式里巨大的未知数"。

美国学者斯塔夫里亚诺斯的《全球分裂——第三世界历史进程》，专门有一节，标题为"走延安道路还是走苏联道路"。该书指出，世界的发展取决于解决至今悬而未决的各种矛盾的成功程度——这些矛盾包括是精神刺激还是物质鼓励，是等级结构的官僚体制还是群众参与，还有城市与农村的矛盾，体力劳动与脑力劳动的矛盾等，"国民

---

① 李琦编著：《毛泽东与联系群众》，中央文献出版社2004年版，第83页。

生产总值本身不能应付这些矛盾。这一点已被美国和苏联的经验，以及从巴西到伊朗、印度尼西亚等第三世界国家的经验所充分地证明。"作者从世界发展的角度提出"延安道路"，这正是"中国道路"的雏形，亦即人民道路。1946年3月，参与国共军事调停的美国将军马歇尔到延安。他看到了什么呢？这里没有自来水，身穿土布衣服的共产党干部，聚在土窑洞里昏暗的小油灯下勤奋工作。他听到最多的一个词，是"人民"——中国人民如何，世界人民如何，到人民中去，向人民学习。"这些都是口号，但又包含着比口号更深的意义，代表着一种极深的感情，一种最终的信念。"延安道路，就是中国人民翻身解放的道路。

毛泽东领导中国人民实现了翻身解放，获得了中国人民的衷心爱戴。

在土地革命战争时期，江西永新县三湾人民就这样歌颂毛泽东：

　　天上降下北斗星，满山遍野通通明；一九二七那一年，三湾来了毛司令。毛司令呦真英明，带来将官带来兵；红旗飘飘进村来，九陇山沟闹革命。

中央苏区的人民这样歌颂毛泽东：

　　哎呀嘞，有一个故事你听我讲，毛泽东跟我开天窗，开出个天窗明又亮。（介之个）共产党，就是那天上的红太阳。

　　土地回老家，合理又合法。分了田和地，穷人笑哈哈。跟着毛委员，工农坐天下。

陕北人民这样歌颂毛泽东：

　　东方红，太阳升，中国出了个毛泽东，他给人民谋生存，他是人民大救星。

　　边区红，边区红，边区地方没穷人，有些穷人选移民，挖断穷根要翻身。

泰山低，五岳高，毛主席治国有功劳，边区办的呱呱叫，老百姓颂唐尧。

生产变工搞得好，边区地方没强盗，夜不闭户狗不咬，毛、朱同志有功劳。

正月里来闹元宵，金匾绣满了，金匾绣咱毛主席，领导的主意高。一绣毛主席，人民的福气，你一心爱我们，我们拥护你！

群众把毛泽东当作救星和精神支柱，时时保护他。1946 年元宵节，延安川口区群众怀着无限崇敬的心情，给毛泽东敬献了一块"人民救星"的大匾，表达千百万群众的共同心愿。1947 年国民党进犯延安时，不知道毛泽东和中央机关的行踪。他们抓住一个老人，严刑拷打，追问毛泽东和中央机关的去向。但老人始终坚贞不屈，守口如瓶，只说一句话："毛主席还在陕北。"[①] 而敌人一走，群众立即将他们失落的作战命令送给解放军，使敌人变成了瞎子聋子，看不见摸不着解放军的活动。诚如毛泽东说："敌人没有群众，进了边区就成了瞎子。他们看不见我们，只是乱闯。"[②] 毛泽东也成为群众的精神支柱。当毛泽东问老百姓怕不怕国民党军队时，群众满怀信心地回答："毛泽东在陕北，我们什么也不怕。"[③]

1949 年 10 月中华人民共和国的成立，开辟了中国历史的新纪元，标志着占人类总数四分之一的中国人从此站立起来了；它使得长期以来受尽压迫和欺凌的中国人民在政治上翻了身，第一次成为新社会、新国家的主人，中国人民当家做主的时代真正到来了。中国人民开始了为自己谋幸福的时代。

新中国即将诞生的时候，毛泽东向世人宣告："中国人民将会看见，中国的命运一经操在人民自己的手里，中国就将如太阳升起在东

---

① 李琦编著：《毛泽东与联系群众》，中央文献出版社 2004 年版，第 77 页。

② 同上书，第 78 页。

③ 同上。

方那样，以自己的辉煌的光焰普照大地，迅速地荡涤反动政府留下的污泥浊水，治好战争的创伤，建设起一个崭新的强盛的名副其实的人民共和国。"①

---

① 《毛泽东选集》第 4 卷，人民出版社 1991 年版，第 1467 页。

毛泽东与人民翻身解放

毛泽东重视人民的作用，所以他努力去熟悉人民，了解人民。毛泽东深植于亿万人民中，使他们从经济政治上翻身，站立起来，成为"人"，从沉默的大多数成为历史的主人。

（一）确立马克思主义信仰，发现了人民

对于生活在半殖民地半封建社会的中国人民来说，最大的痛苦是民族压迫和封建压迫，因此，中国人民的首要任务是进行推翻外国帝国主义压迫的民族革命和推翻封建主义压迫的民主革命，然后在此基础上通过社会主义实现人民当家做主、共同富裕与全面发展。毛泽东指出，在中国，"只有经过民主主义，才能达到社会主义，这是马克思主义的天经地义"。在中国，"没有一个新民主主义的联合统一的国家，没有新民主主义的国家经济的发展，没有私人资本主义经济和合作社经济的发展，没有民族的科学的大众的文化即新民主主义文化的发展，没有几万万人民的个性的解放和个性的发展，一句话，没有一个由共产党领导的新式的资产阶级性质的民主革命，要想在殖民地半

殖民地半封建的废墟上建立起社会主义社会来，那只是完全的空想"。①

人民是历史的创造者，在历史的记载中却不见他们的踪影。1936年，毛泽东在同美国记者斯诺谈话中说：

有一天我突然发现，这些小说里有一个共同的特别之处，那就是没有一个种田的农民。书中的人物都是武将、文臣或书生，从来没有一个农民做主角。这事我思考了两年，后来我分析这些故事的内容，发现它们颂扬的都是武将、人民的统治者，他们不从事农桑，因为他们占有并控制了土地，显然他们让农民为他们种田。②

毛泽东最初并不赞成暴力革命，而倾向于克鲁泡特金的无政府主义。1919 年他在《湘江评论》的第一期《创刊宣言》中说："（一）我们承认强权者都是人，都是我们的同类。滥用强权，是他们不自觉的误谬与不幸，是旧社会旧思想传染他们遗害他们。（二）用强权打倒强权，结果仍然得到强权。不但自相矛盾，而且毫无效力。欧洲的'同盟'、'协约'战争，我国的'南'、'北'战争，都是这一类。所以我们的见解，在学术方面，主张彻底研究，不受一切传说和迷信的束缚，要寻着什么是真理。在对人的方面，主张群众联合，向强权者为持续的'忠告运动'，实行'呼声革命'——面包的呼声，自由的呼声，平等的呼声，——'无血革命'。不主张起大扰乱，行那没有效果的'炸弹革命'、'有血革命'。"

残酷的现实教育了毛泽东。1936 年 10 月，毛泽东向美国记者斯诺讲述自己经历时，说："我还记得 1920 年的一个插曲，那年新民学会组织了一次示威游行，庆祝俄国十月革命 3 周年。这次示威游行遭到警察镇压。有些示威者当即指出，根据（当时的）宪法第十二条，人民有集会、结社和言论自由的权利，警察不听，并且回答说，他们不是来听宪法课，而是来执行省长赵恒惕的命令的。在这以后，我越

① 《毛泽东选集》第 3 卷，人民出版社 1991 年版，第 1060 页。

② ［美］埃德加·斯诺：《红星照耀中国》，河北人民出版社 1992 年版，第 95 页。

来越相信只有通过群众的行动确立起来的群众政治权力，才能保证有力的改革的实现。"①

毛泽东后来讲过："我是一个知识分子，当一个小学教员，也没学过军事，怎么知道打仗呢？就是由于国民党搞白色恐怖，把工会、农会都打掉了，把五万共产党员杀了一大批，抓了一大批，我们才拿起枪来，上山打游击。"

确立马克思主义信仰的毛泽东认为人民只有通过革命，才能实现翻身解放。他对敢于造反的人民给予了深深的同情，他对斯诺叙述1910年长沙抢米风潮时说："这件事在我的学校里议论了好些天，给我留下很深的印象。大多数学生都同情'造反者'，但他们只是从旁观者的观点出发，而不明白这也与他们自己的生活有关，他们感兴趣仅仅是因为这是一件很有刺激性的事件。我永远忘不了这件事，我感到那些造反的人都是像我自己家人一样的普通老百姓，我对他们所受到的非正义的对待深抱不平。"②

对于历史上人民的武装斗争，毛泽东给予了高度评价。他在《中国革命和中国共产党》中认为："地主阶级对于农民的残酷的经济剥削和政治压迫，迫使农民多次地举行起义，以反抗地主阶级的统治。从秦朝的陈胜、吴广、项羽、刘邦起，中经汉朝的新市、平林、赤眉、铜马和黄巾，隋朝的李密、窦建德，唐朝的王仙芝、黄巢，宋朝的宋江、方腊，元朝的朱元璋，明朝的李自成，直至清朝的天平天国，总计大小数百次的起义，都是农民的反抗运动，都是农民的革命战争。中国历史上的农民起义和农民战争的规模之大，是世界历史上所仅见的。在中国封建社会里，只有这种农民的阶级斗争、农民的起义和农民的战争，才是历史发展的真正动力。因为每一次较大的农民起义和农民战争的结果，都打击了当时的封建统治，因而也就多少推动了社会生产力的发展。只是由于当时还没有新的生产力和新的生产关系，

---

① 《毛泽东自述》，人民出版社1996年版，第44页。

② ［美］埃德加·斯诺：《红星照耀中国》，河北人民出版社1992年版，第97页。

没有新的阶级力量，没有先进的政党，因而这种农民起义和农民战争得不到如同现在所有的无产阶级和共产党的正确领导，这样，就使当时的农民革命总是陷于失败，总是在革命中和革命后被地主和贵族利用了去，当作他们改朝换代的工具。这样，就在每一次大规模的农民革命斗争停息以后，虽然社会多少有些进步，但是封建的经济关系和封建的政治制度，基本上依然继续下来。这种情况，直至近百年来，才发生新的变化。"[①]

著名作家萧三认为，"泽东同志的学说中，人民武装斗争问题占着极重要的位置。这是由于中国革命长期的经验证明了的，人民的武装斗争是革命斗争必不可少的，武装斗争是中国革命的特点之一。泽东同志根据历次革命的经验，制定出了一套完整的人民军事路线，中国人民武装斗争的军事学说。泽东同志不但是伟大的人民政治家，而且是伟大的人民军事家、战略家"[②]。

人民要想获得翻身解放，指望统治者的恩赐和善心是不可能的，只有拿起武器，对于国民党的残酷统治，只能用革命的手段去推翻。1917年俄国爆发的十月社会主义革命，是一个具有划时代意义的世界性的历史事件，推动中国的先进分子把自己的目光从西方转向东方，从资产阶级民主主义转向社会主义。李大钊说，十月革命所开始的，"是世界革命的新纪元，是人类觉醒的新纪元。我们在这黑暗的中国，死寂的北京，也仿佛分得那曙光的一线，好比在沉沉深夜中得一个小小的明星，照见新人生的道路"。十月革命给予毛泽东的一个启示是：经济文化落后的国家也可以用社会主义思想指引自己走向解放之路。毛泽东感到，中国国情"皆与俄国相近"，所以中国"须有同类的精神，即用革命的社会主义"。他兴奋地说：我看俄国式的革命，是无可如何的山穷水尽诸路皆走不通了的一个变计，"只此方法较之别的改造方法所含可能的性质为多"。[③]

---

① 《毛泽东选集》第2卷，人民出版社1991年版，第625页。

② 斯诺等：《早年毛泽东：传记、史料与回忆》，生活·读书·新知三联书店2011年版，第442页。

③ 《毛泽东文集》第1卷，人民出版社1993年版，第1页。

五四爱国群众运动使先进的中国人强烈地感受到了群众运动的威力。吴玉章描述他的感受说："从前我们搞革命虽然也看到过一些群众运动的场面，但是从来没有见到过这种席卷全国的雄壮浩大的声势。在群众运动的冲击震荡下，整个中国从沉睡中复苏了，开始焕发出青春的活力。"① 上海学生联合会在告同胞书中说："学生罢课半月，政府不惟不理，且对待日益严厉"，"工界罢工不及五日，而曹、章、陆去"。邓中夏说："'五四'运动中有一部分学生领袖，就是从这里出发'往民间去'，跑到工人中去办工人夜校，去办工会。"中国的先进知识分子认识到了应该与劳动群众相结合。李大钊指出："我们很盼望知识阶级作民众的先驱，民众作知识阶级的后盾。"

在旧中国，社会的主要矛盾是三座大山与人民群众的矛盾，矛盾的主要方面是三座大山，因而决定了旧中国的社会性质是半封建半殖民地。由于代表三座大山的国民党政府，拒绝代表人民群众的中国共产党关于联合政府的社会改革，还企图以战争消灭中国共产党，于是革命爆发了，在自己发动的战争中被打败了，从而使曾是三座大山与人民群众的社会主要矛盾不复存在。革命战争作为解决旧中国社会主要矛盾的主要手段，是因为矛盾的主要方面拒绝社会改革，残酷压迫剥削广大人民而产生的。正是在这个意义上，我们说，革命是那个时代、那个社会的主要任务，是被大资产阶级逼迫出来的。中国共产党被迫采用革命的手段来对付地主大资产阶级，实现人民翻身解放。

以毛泽东为代表的中国共产党人，紧紧依靠人民群众，以马克思主义为指导，并将马克思主义普遍原理与中国具体实际相结合，正确分析了中国近代社会性质、矛盾、本质，逐步掌握了中国革命的规律，正确地领导了新民主主义革命，通过人民战争，推翻了压在人民头上的三座大山，实现了人民翻身解放。

毛泽东领导的人民战争包括：（1）人民的军队来自于人民，人民战争是反对帝国主义和封建主义的战争，是为了人民的解放而进行的正义的战争，是推动历史进步的战争。（2）把人民群众组织在"工人

---

① 《回忆五四前后我的思想转变》，《吴玉章回忆录》，第111页。

的、农民的、青年的、妇女的、文化的和其他职业和工作的团体中，
热烈地从事援助军队的各项工作"。具体工作包括群众参军、支前、
担架运输伤兵、保护伤兵、拥军优属、军粮供应、直接帮助军队作战、
等等。（3）人民的"游击战争"和"防卫"。包括民兵、游击队、自
卫的游击战争、侦察敌情、站岗放哨、清除奸细、武装保卫根据地。
（4）解放区和根据地人民群众热烈地"从事政治、经济、文化、卫生
各项建设工作"。（5）一切机关、学校（特殊情形者外），一律于学习
和工作之余，从事"生产自给，以配合人民和军队的生产自给，造成
伟大的生产热潮"，借以支持长期的革命运动。（6）政府的一切施政，
要为人民战争服务。"这就是真正的人民战争。只有这种人民战争，
才能战胜民族敌人。"①

（二）领导人民推翻帝国主义的压迫

　　帝国主义与中华民族的矛盾，是近代中国社会的主要矛盾。这一
矛盾，决定反对外国帝国主义的压迫，争取民族独立，是近代中国实
现人民解放的主要任务之一。

　　如何认识西方列强，是中国自鸦片战争以来的一个重大问题。许
多人否认列强对中国的侵略本质，认为西方列强给中国人民带来先进
的文明，美化西方侵略。胡适就公开否认存在帝国主义。中共二大宣
言公布后，胡适就在《努力》周刊上发表《国际的中国》一文，嘲笑
中共提出的封建军阀背后站着帝国主义这个科学论断"很像乡下人谈
海外奇闻"，认为当前的主要任务是使政治走上正轨，"不必在这个时
候牵涉到什么国际帝国主义的问题"。

　　有人片面地理解马克思 1853 年在《不列颠在印度的统治》和
《不列颠在印度统治的未来结果》谈到英国在印度的"双重使命"：
"英国在印度要完成双重的使命：一个是破坏的使命，即消灭旧的亚

---

　　① 《毛泽东选集》第 3 卷，人民出版社 1991 年版，第 1041 页。

洲式的社会；另一个是重建的使命，即在亚洲为西方式的社会奠定物质基础"①，并以此为理论依据，去肯定"殖民征服"的"功劳"。他们却有意忽略马克思的论述："英国资产阶级将被迫在印度实行的一切，既不会使人民群众得到解放，也不会根本改变他们的社会状况，因为这两者不仅仅决定于生产力的发展，而且还决定于生产力是否归人民所有。""只有在伟大的社会革命支配了资产阶级时代的成果，支配了世界市场和现代生产力，并且使这一切都服从于最先进的民族的共同监督的时候，人类的进步才会不再像可怕的异教神怪那样，只有用被杀害者的头颅做酒杯才能喝下甜美的酒浆。"②

帝国主义是中国民主革命的首要对象，这是毛泽东在看待近代中国外国资本主义的明确态度。毛泽东曾经指出："只有认清中国社会的性质，才能认清中国革命的对象。"近代中国的半殖民地半封建社会的性质，决定了中国革命的对象"就是帝国主义和封建主义，就是帝国主义国家的资产阶级和本国的地主阶级。因为，在现阶段的中国社会中，压迫和阻止中国社会向前发展的主要的东西，不是别的，正是它们二者。二者互相勾结以压迫中国人民，而以帝国主义的民族压迫为最大的压迫，因而帝国主义是中国人民的第一个和最凶恶的敌人"。③

中国人民对帝国主义的本质的认识经历了一个从感性认识到理性认识的过程。"第一阶段是表面的感性的认识阶段，表现在太平天国运动和义和团运动等笼统的排外主义的斗争上。第二阶段才进到理性的认识阶段，看出了帝国主义内部和外部的各种矛盾，并看出了帝国主义联合中国买办阶级和封建阶级以压榨中国人民大众的实质，这种认识是从一九一九年五四运动前后才开始的。"④

以毛泽东为代表的中国共产党人从成立伊始，就自觉地运用马克思主义的观点来分析帝国主义和中国的关系。1922 年 6 月，中国共产党在对时局的主张中指出，国际帝国主义及本国军阀的压迫，是中国

---

① 《马克思恩格斯选集》第 1 卷，人民出版社 1995 年版，第 768 页。

② 同上书，第 771、773 页。

③ 《毛泽东选集》第 2 卷，人民出版社 1991 年版，第 633 页。

④ 《毛泽东选集》第 1 卷，人民出版社 1991 年版，第 289 页。

"人民受痛苦的源泉"。同年7月,党的二大在宣言中揭示了中国社会的半殖民地半封建的性质,指出反对帝国主义和封建主义的"民主主义革命运动是极有意义的"。这样,中国共产党在全中国人民面前破天荒地提出了反帝反军阀的民主革命纲领。对于中国革命者在长时期里没有能弄清楚的革命对象问题,刚刚成立一年的中国共产党就把它基本解决了。

在第一次大革命时期,中国共产党在《国民革命的目前行动政纲草案》中,把反对帝国主义的具体内容归纳为以下七项:

A. 反对列强武力干涉中国,全国民众应一致要求立即撤退驻华之外国海陆军。

B. 收回租界,由租界居民组织市民会议,管理之。外人之居住租界者,均需受中国法律之约束,并负担同等之纳税义务。

C. 取消外国银行在华之一切特权,禁止外国银行在中国境内发行纸币。凡中国资本之银行,具有充分之保证金与合法之地位者,其纸币得通行于全国。

D. 无条件交还海关,建立减轻出口税增加入口税之保护税则。

E. 取消外国客轮自由航行中国内河及滨海各埠之特权,严禁私运军火及鸦片、吗啡等类毒物。为发达本国航业计,应将招商局收归国有并加扩充,得政府许可之私人航业,亦予以保护。

F. 外人投资于大企业如铁路矿山之类,因而获得之管理权及政治权利,应一律取消,并重新厘定其经济权利。外人在中国境内开设之工厂,须重新登记,受政府之管理。不得国民政府之允许,外人不得在中国境内自由开设工厂。

G. 外人在中国境内开设之教会、学校、医院、报馆及其他以慈善为名之机关,均须受中国法律之管理,不得国民政府之许可,不得借此等名义购置地产。[①]

---

① 《中共中央文件选集》第3册,中共中央党校出版社1989年版,第209—210页。

新民主主义革命胜利前夕，针对美国国务卿艾奇逊所说的外来观念引起的中国革命的说法，毛泽东批驳说，"不是什么西方思想的输入引起了什么'骚动和不安'，而是帝国主义的侵略引起了反抗"①。帝国主义的侵略为中国革命制造了物质和精神条件，制造了自己的掘墓人，为了侵略之必要，帝国主义给中国造成了买办，造成了官僚主义，"帝国主义的侵略刺激了中国的社会经济，使它发生了变化，造成了帝国主义的对立物——造成了中国的民族工业，造成了中国的民族资产阶级，而特别是造成了在帝国主义直接经营的企业中、在官僚资本的企业中、在民族资产阶级的企业中做工的中国的无产阶级。为了侵略的必要，帝国主义以不等价交换的方法剥削中国的农民，使农民破产，给中国造成了数以万万计的广大的贫农群众，贫农占了农村人口的百分之七十。为了侵略的必要，帝国主义给中国造成了数百万区别于旧式文人或士大夫的新式的大小知识分子"。② "这样，西方资产阶级就在东方造成了两类人，一类是少数人，这就是为帝国主义服务的洋奴；一类是多数人，这就是反抗帝国主义的工人阶级、农民阶级、城市小资产阶级、民族资产阶级和从这些阶级出身的知识分子，所有这些，都是帝国主义替自己造成的掘墓人，革命就是从这些人发生的。"③ 帝国主义的侵略还引起了中国人民的警醒，使他们觉悟起来，从而为中国革命发生准备了精神条件："所有这一切侵略战争，加上政治上、经济上、文化上的侵略和压迫，造成了中国人民对帝国主义的仇恨，使中国人想一想，这究竟是怎么一回事，迫使中国人的革命精神发扬起来，从斗争中团结起来，斗争，失败，再斗争，再失败，积一百零九年的经验……方才获得今天这样的基本上的成功。这就是精神条件，没有这个精神条件，革命是不可能胜利的。"④

毛泽东在总结一百多年来帝国主义侵略斗争和中国人民反抗帝国主义斗争的历史经验基础上提出："帝国主义者的逻辑和人民的逻辑

---

① 《毛泽东选集》第4卷，人民出版社1991年版，第1513页。

② 同上书，第1484—1485页。

③ 同上书，第1513页。

④ 同上书，第1484页。

是这样的不同。捣乱，失败，再捣乱，再失败，直至灭亡——这就是
帝国主义和世界上一切反动派对待人民事业的逻辑，他们决不会违背
这个逻辑的。这是一条马克思主义的定律。""斗争，失败，再斗争，
再失败，再斗争，直至胜利——这就是人民的逻辑。他们也是决不会
违背这个逻辑的。这是马克思主义的又一条定律。"① 对帝国主义只能
用阶级专政的办法对付，因为"自我批评的办法只能用于人民的内
部，希望劝说帝国主义者和中国反动派发出善心，回头是岸，是不可
能的"②。

　　在新民主主义革命时期，中国人民对帝国主义侵略和压迫的斗争，
是贯彻始终的。由于各个历史阶段的形势不同，主要的斗争对象是不
断发生变化的，而且由于各个历史阶段帝国主义侵略和压迫中国的形
式不同，中国人民采取的反帝斗争形式也不一样。当帝国主义向中国
发动侵略战争的时候，中国人民就"举行民族战争去反对帝国主义"。
抗日战争时期，就属于这种情况。"当着帝国主义不是用战争压迫而
是用政治、经济、文化等比较温和的形式进行压迫的时候，半殖民地
国家的统治阶级就会向帝国主义投降，二者结成同盟，共同压迫人民
大众。这种时候，人民大众往往采取国内战争的形式，去反对帝国主
义和封建阶级的同盟，而帝国主义则往往采取间接的方式去援助半殖
民地国家的反动派压迫人民，而不采取直接行动，显出了内部矛盾的
特别尖锐性。"③ 第一次大革命、土地革命战争和全国解放战争时期，
就属于这种情况。

　　为了同帝国主义进行坚决的和有效的斗争，中国人民必须认清帝
国主义的本质及其活动规律，从而制定反对帝国主义的战略思想和策
略思想。

　　对于帝国主义的双重性，毛泽东进行过深刻的论述。他在揭露帝
国主义的本质是凶恶的同时，又指出帝国主义是外强中干的。他说，

---

① 《毛泽东选集》第 4 卷，人民出版社 1991 年版，第 1486—1487 页。

② 同上书，第 1487 页。

③ 《毛泽东选集》第 1 卷，人民出版社 1991 年版，第 321 页。

对于帝国主义，"我们要有清醒的头脑，这里包括不相信帝国主义的'好话'和不害怕帝国主义的恐吓"。1946年8月，他提出帝国主义和"一切反动派都是纸老虎"的科学论断。他说："看起来，反动派的样子是可怕的，但是实际上并没有什么了不起的力量。从长远的观点看问题，真正强大的力量不是属于反动派，而是属于人民。""虽然在中国人民面前还存在着许多困难，中国人民在美国帝国主义和中国反动派的联合进攻之下，将要受到长时间的苦难，但是这些反动派总有一天要失败，我们总有一天要胜利。这原因不是别的，就在于反动派代表反动，而我们代表进步。"①

正是基于对帝国主义的本质的清醒认识，毛泽东总结中国共产党同帝国主义和一切反动派作斗争的历史经验时提出，"从本质上看，从长期上看，从战略上看，必须如实地把帝国主义和一切反动派，都看成纸老虎。从这点上，建立我们的战略思想"②。同时，在具体的战术上又要高度重视帝国主义，采取正确的政策和策略同帝国主义进行斗争，因为它们既是纸老虎，又是真老虎。

中国人民反对帝国主义，是为了取消帝国主义在中国享有的特权，推翻帝国主义对中国的民族压迫，维护国家主权和民族独立，实现人民的政治翻身，并不是不同资本主义国家发展经济、政治、文化等方面的往来，而是主张在独立、平等的基础上发展同资本主义国家经济、政治、文化等方面的往来。1922年9月，中国共产党的早期领导人蔡和森在《统一，借债，与国民党》一文中就指出：我们要"努力完成民主革命，推翻军阀及国际帝国主义在中国之特权与压迫，建立完全自主的独立国家，仿照苏维埃俄罗斯之不损主权不受束缚的招致外资及权利让与等等政策，迅速的自主的开发中国大工业"③。

毛泽东就这个问题有过深刻的论述。他指出："中国已紧密地与世界联成一体。"中国"应以自力更生为基本立脚点"；"但中国不是

---

① 《毛泽东选集》第4卷，人民出版社1991年版，第1195页。

② 《毛泽东文集》第7卷，人民出版社1999年版，第456页。

③ 《中共中央文件选集》第1册，中共中央党校出版社1989年版，第575页。

孤立也不能孤立，中国与世界紧密联系的事实，也是我们的立脚点，而且必须成为我们的立脚点"。"中国早已不能闭关。""我们不是也不能是闭关主义者。"全中国人都应当"关心中国与世界的关系"。① "在国际关系上，各国都应该是民主的国家，并发生民主的相互关系，我们希望外国及外国朋友以民主态度对待我们，我们也应该以民主态度对待外国及外国朋友。"②

1944 年 8 月 18 日，中共中央在关于外交工作的指示中，明确提出"在经济方面，在双方有利原则下，我们欢迎国际投资与技术合作"；并且"欢迎与盟国文化合作"。③

毛泽东领导中国人民经过八年抗战，打败了日本帝国主义，1949年新中国成立后又把近代以来帝国主义在中国通过侵略获取的种种特权予以废除，保证了中国国家主权的完整，使中国人民从帝国主义的奴役下解放出来，赢得了与世界人民的平等地位。

（三）领导人民推翻带买办性质的大资产阶级

在 20 世纪上半叶，中国人民除了遭受帝国主义的奴役外，还受代表中国大资产阶级利益的南京国民政府的统治，处于生活悲惨境地。近代中国的大资产阶级，"是直接为帝国主义服务并为它们所豢养的阶级"，带有很强的买办性；同时，他们又与封建势力紧密结合，带有很强的封建性。因此，在反帝反封建的民主革命中，他们"历来都是革命的对象"④。中国人民要获得翻身解放，必须推翻大资产阶级的统治。

1927 年蒋介石建立的南京政权是一个代表着中国大地主大资产阶

---

① 《中共中央文件选集》第 11 册，中共中央党校出版社 1991 年版，第 635 页。
② 《毛泽东文集》第 3 卷，人民出版社 1996 年版，第 170 页。
③ 《中共中央文件选集》第 14 册，中共中央党校出版社 1991 年版，第 316—317 页。
④ 《毛泽东选集》第 2 卷，人民出版社 1991 年版，第 606—607 页。

级的政权。这个政权相比晚清王朝和北洋军阀政府，在某些地方推进了中国的发展。它宣称继承了孙中山的三民主义，进行过建国的努力，在维护民族独立和国家主权方面进行过尝试。

国民党领袖蒋介石年轻时也追求过进步。1906 年蒋介石入陆军速成学堂（保定军官学校前身），有日本军医教官讲卫生学，取一土块置于案上，说："这一块土，约一立方寸，计可容四万万微生虫。"停片刻该医官又说："这一立方寸之土，好比中国一国，中国有四万万人，好比微生虫寄生在这土里一样。"话音未落，课堂内一学生怒不可遏，冲到台前将土击飞，大声反问道："日本有五千万人，是否也像五千万微生虫寄生在 1/8 立方寸土中？"军医教官毫无防备，稍许缓过劲来，发现是学生中唯一不留辫子的蒋介石，便指着其光头大声喝问："你是否革命党？"

1908 年蒋介石第一次读到邹容的《革命军》，对该书"酷嗜之，晨夕览诵，寝则怀抱，梦寐间如与晤言，相将提戈逐杀鞑奴"。

1912 年，蒋介石在日本创办《军声》杂志，自撰发刊词，并著《征蒙作战刍议》一文。他对当时沙俄引诱外蒙独立十分愤慨，"甚思提一旅之众，以平蒙为立业之基也"。

1923 年蒋介石访苏，到彼得格勒参观冬宫，沙皇宫殿没有给他留下太深印象，他觉得"所谓金间、银间、翡翠间者，皆不过镀饰其外表，无足珍贵者"；而"惟新立一历史馆，标树其革命党过去之伟迹血状，皆足怵目悚心，殊令人兴感也"；后来赴莫斯科参观，"听加米涅夫、布哈林等演说，又见海军革命军官发难二官长及一水手，登台表述其勋劳光荣，心颇感动"。

1924 年 6 月 24 日，蒋介石给黄埔军校学生作《革命军人不能盲从官长》的讲话中说："十三年来，中国的军人被袁世凯辈弄坏了，他们专用金钱来收买军人，军人变为他们个人的利器，专为他们做家狗"，"官长权限一大，便可卖党卖国"；"我们的革命是以主义为中心，跟着这个主义来革命，认识这个主义来革命的，决不是跟到一个人，或是认识一个人来革命的。如其跟到一个人，或使认识一个人来革命，那就不能叫做革命，那就是叫盲从，那就是叫做私党，那就叫做他人的奴才走狗了。中国人的思想习惯到如今，仍旧是几千年前皇帝奴隶的恶劣思想。"

蒋介石在任黄埔军校校长时，黄埔军校门口贴着一副对联：

升官发财，请走别路；贪生怕死，莫入此门。

国民大革命时期的苏联军事顾问契列潘诺夫1968年在莫斯科出版回忆录《中国国民革命军队的北伐：一个军事顾问的笔记》中这样评价蒋介石："在军事工作人员中，他与我们关系最密切。懂政治，自尊心强得可怕。读日文版的拿破仑著作……能很快作出决定，但经常考虑欠周，于是又改变主意。倔强，喜欢固执己见。他在政治进步中应该会走到合乎逻辑的极点。"

蒋介石一生念念不忘反共。他说："此事乃我的生死问题，此目的如达不到，我死了心也不安，抗战胜利了没有什么意义，所有我的这个意见，至死也不变的。"

蒋介石认为，社会主义制度、资产阶级民主主义制度，都是不能行之于中国的。他主张，"领导素无政治经验之民族"，"非藉经过较有效能的统治权之行使不可"。他的党徒宣传"一个国家的政治，与其由民主的虚名而陷于腐败、没落，当然不如由一个才干和道德高尚的领袖去执行独裁"。

蒋介石反共主要是他代表了大地主、大资产阶级的利益，具有反人民的本性。毛泽东运用马克思主义的阶级观点对蒋介石进行了透彻的分析，指出他是"中国大地主大资产阶级的政治代表"，"是一个极端残忍和极端阴险的家伙"。[①] "蒋介石对于人民是寸权必夺，寸土必争。"因此对他的方针就应当是"针锋相对，寸土必争"。对于大资产阶级及其政治代表蒋介石之类的人物，中国共产党和中国人民绝不能存有一丝一毫的幻想。毛泽东说过："蒋介石是怎样上台的？是靠北伐战争，靠第一次国共合作，靠那时候人民还没有摸清他的底细，还

————————————

① 《毛泽东选集》第4卷，人民出版社1991年版，第1124页。

拥护他。他上了台，非但不感谢人民，还把人民一巴掌打了下去，把人民推入了十年内战的血海。"①

南京国民党政府实行的是代表地主阶级、买办性的大资产阶级利益的一党专政和军事独裁统治。1928 年 10 月，国民党常务委员会通过《训政纲领》，规定"由中国国民党全国代表大会代表国民大会，领导国民行使政权"；其全国代表大会闭会时，"以政权托付中国国民党执行委员会执行之"；指导监督国民政府中事务之施行，由中国国民党中央以"政治会议行之"。

国民党政府为了建立一党专政的军事独裁统治，建立了庞大的军队，1929 年 3 月的官方材料表明，"全国军额达二百万"，实际兵员数远不止此；建立了由"中统"和"军统"组成的全国性庞大特务系统，绑架或暗杀革命者和异己分子。1935 年 11 月，平津十校学生自治会发表宣言揭露：国民党在南京"奠都以来，青年遭受杀戮者，报纸记载至三十万人之多，而失踪监禁者更不可胜计。杀之不快，更施以活埋；禁之不足，复以毒刑。地狱现象，人间何世？"② 在全国推行保甲制度，禁锢人民；厉行文化专制主义。

国民党南京政府作为代表大地主大资产阶级的政权，同广大人民处于尖锐对立的地位，因此继续实行地主阶级、买办性的大资产阶级的军事独裁统治，使中国继续走半殖民地半封建社会的道路。蒋介石所代表的政权对人民的态度就像毛泽东分析的："反动势力对于人民的民主势力的原则，是能够消灭者一定消灭之，暂时不能消灭者准备将来消灭之。针对这种情况，人民的民主势力对于反动势力，亦应采取同样的原则。"③

对于国民党的统治，伟大的爱国者宋庆龄在当时就说过：只有以群众为基础并为群众服务的革命，才能粉碎军阀、政客的权力，才能摆脱帝国主义的枷锁，才能真正实行社会主义。

---

①　《毛泽东选集》第 4 卷，人民出版社 1991 年版，第 1125 页。

②　转引自沙健孙主编《中国近现代史纲要》，高等教育出版社 2007 年版，第 127 页。

③　《毛泽东选集》第 4 卷，人民出版社 1991 年版，第 1185 页。

国民党统治大陆时期，中国社会的半殖民地半封建社会性质没有改变，不仅封建压迫继续存在，中国的半殖民地化还进一步加深了，日本的侵略使中国几乎亡国。

外国垄断资本在中国继续扩张。从 1927 年南京政府成立到 1937 年卢沟桥事变之前的十年间，西方列强的经济势力在中国得到进一步发展，并且牢牢地掌握了中国的经济命脉。抗战前夕，在重工业方面，外国资本控制了煤产量的 55.2%，新法采煤量的 77.4%，冶金工业的 95%，石油工业的 99%，发电量的 77.1%。在中国的现代工业和运输业中，外国资本占到了 71.6%。外国银行资产要比华商银行多三分之一。外国资本不仅垄断了中国的重工业、交通运输业，而且控制了中国的财政、金融以及若干主要轻工业。

封建经济仍然占优势地位。南京政府依靠封建地主统治农村，所以封建剥削制度不仅没有消灭，反而愈发严重。据 1934 年的统计，全国 22 个省区的实物地租占农业产值的比重一般为 45% 左右，有的地区甚至高达 5 成、6 成甚至 7 成以上。地租剥削不仅侵占了农民的全部剩余劳动，而且侵占了他们相当一部分的必要劳动。南京政府除了维护封建剥削制度外，还向农民征收赋税、盐税、杂税和强迫服劳役、兵役。1929 年至 1933 年，全国农村共有 188 种不同名目的捐税。1937 年，杂税名目达 1756 种。

在地主和南京政府的压榨下，中国农民过着极端贫困的生活，一遇天灾，一些农村就出现"土地荒芜，路断行人，家有饿妇，野无壮丁"的惨象。

官僚资本急剧膨胀。1927 年国民党在全国建立统治后，官僚买办资本，作为中国的垄断资本，利用国家政治特权，通过垄断金融，从事大规模的商业投机活动，对工业实行垄断性的掠夺，急剧地膨胀起来。中国的买办资产阶级发展成为官僚资产阶级，控制了国家政权。由于中国官僚资本不是在正常的生产发展基础上积累起来的，而是官僚资产阶级利用超经济的特权，主要在从事金融和商业投机的过程中，在充当外国列强的买办过程中，通过掠夺广大劳动人民和兼并民族工商业而发展起来的，因此成为中国近代社会生产力发展的严重障碍。

抗战后期，国民党政府由于它的专制独裁和官员们的贪污腐败、大发国难财，在大后方就已经严重丧失人心。抗战胜利后，由于国民党政府派出到原沦陷区的官员，把接收变成"劫收"，大发胜利财。巨额敌伪资产转归官僚资本集团控制的部门所有，其中很大部分被官员个人侵吞、隐匿、变卖。连一名国民党接收官员也向蒋介石进言："像这样下去，我们虽已收复了国土，但我们丧失了民心"，其结果将使政府"基础动摇，在一片胜利声中早已埋下了一颗失败的定时炸弹"①。

更重要的是，抗战结束后，国民党违背全国人民迫切要求休养生息、和平建国的意愿，执行反人民的内战政策。为了筹措内战经费，国民党政府除了向人民征收苛重的捐税以外，无限制地发行纸币。1948 年 8 月，法币发行额比 1937 年抗战前增发 47 万多倍，而物价跃至 7255862 倍。恶性通货膨胀引起的物价飞涨，一次又一次地使人民遭到洗劫，使民族工商业走向破产，使公教人员和学生的生活陷入极度的困境。仅 1947 年，全国各地饥民就达 1 亿人以上。

国民党当局将全国各阶层人民置于饥饿和死亡的边缘，迫使全国人民团结起来，同国民党政府作你死我活的斗争，除此以外，再无出路。学生的"反饥饿、反内战、反迫害"运动，工人罢工，城市居民"抢米"风潮，农民反抓丁、征粮、征税等人民民主运动，此起彼伏，国民党陷入全民的包围之中，失败已经是不可避免的。

国民党在大陆的失败，关键在于不代表人民的利益，丧失了民心，失去了民众的支持。

蒋介石在国民大革命高潮时，军权在握的他"开个人独裁之渐，启武人专横之端"，于 1927 年 4 月向自己的盟友——共产党挥起了屠刀，从此切断了与民众的联系。

国民党的清党，导致其丧失民众。国民党爱国将领陈铭枢在《"九·一八"第四周年纪念感言》中写道："呜呼！不知多少万热血

---

① 转引自沙健孙主编《中国近现代史纲要》，高等教育出版社 2007 年版，第182 页。

青年，就在这'清党'明文的'停止活动'四字之下，断送了最宝贵的生命！国民党为'救党'而屠杀了中国数百万有志有识的青年。这个损失是中国空前的损失，即秦始皇之焚书坑儒亦必不至于此。"

　　担任过北京大学校长的蒋梦麟1950年在美国向美国国务院人士谈中国情况时称："中国国民党过去领导了一场政治革命（指辛亥革命推翻封建帝制），但是没有意识到中国正在进行一场社会革命，他本人也未意识到。共产党认识到这一点，并且抓住了革命的领导权。""因此，无论美国怎样做，最多推迟国民党的失败，却不能改变其结局。"① 原国民党高级将领傅作义也说：共产党之所以能够胜利，其中一个重要因素，就是因为"共产党以工农大众和全国人民的利益基础，在乡村彻底解决了土地问题，得到广大农民的拥护"②。

　　20世纪40年代，国民党的革新分子就曾经指出，工人、农民没有从国民党政府那里得到一点利益。节制资本、平均地权，是国民党民生主义的两大要政。从同盟会成立即列入宣言，其后每逢国民党发表一次主张，就要重提一次；孙中山逝世后，每召开一次国民党代表大会，也都要重提一次，但国民党的同志把总理遗教当作宗教的经典，而不是把它作为行动的指南，仿佛它是南无阿弥陀佛，只要念一遍即可消灾减厄。于是大家都在那里研习遗教，为遗教做阐扬、考据、解释的工夫，却很少有人按遗教所指示的去付诸实践。其结果，节制资本、平均地权的主张不仅未实行，反而变本加厉③。"地方党部以农民运动为口号，而实际勾结土豪劣绅；组织农民团体，真正的农民不但没有参加的机会，并且要负担他们挥霍的费用。试看每次一有农民团体的出现，站在农民团体旗帜之下的，实际上没有一个真正的农民。不但不是农民，并且正是与农民利益相反之地主阶层，也就是以鱼肉

---

　　① 《美国对华政策的缘起和发展（1945—1950）》，重庆出版社1987年版，第221—222页。

　　② 《傅作义通电》，《华商报》1949年4月3日，引自启跃编《国民党怎样丢掉了中国大陆？》，新疆人民出版社1997年版，第9页。

　　③ 贺岳僧：《党的腐败原因之分析》（二），《革新周刊》第1卷第4期，1946年8月。

农民为专业的土豪劣绅。""再如国民党之下的经济政策，似乎也曾关心到农民的生活，因而有中国农民银行，农本局，以及各种各式的合作社金库之类的组织。表面上是说为了改善农民生活，辅助农民经济的发展，但举办若干年以来的结果，其加深农民的灾害，比一切力量都强大。因为所有一切的措施，都找错了对象，都以土豪劣绅为农民的代表，而实际上都帮助了土豪劣绅，加强了土豪劣绅鱼肉农民的力量。"①

从根本上说，南京国民政府是被亿万翻身的农民埋葬的。1948 年夏，国民党高级将领张治中在给蒋介石的一封检讨国民党失败原因的密信中说："对全国人口百分之八十五以上之农民问题，亦即土地问题，在此二十年间，理应加以解决，但非不能为而根本忽略而不为，致坐失最大多数之群众基础。"②

1949 年年初，美国记者杰克·贝尔登在《中国震撼世界》中写道："蒋介石是被激情，而且主要是被激情搞垮的。中国农民投入战争与革命中的热切的希望和刻骨的仇恨，化成巨大的激情的能量，像在中国社会中爆炸一颗原子弹似的，几乎把中国社会炸得粉碎。"③

国民党在大陆的失败，也在于国民党自身建设的无效。

20 世纪 40 年代国民党革新分子描写当时的国民党："民国 17 年以后，党与党员的关系便日益疏远，党在社会上的地位便日益低落，低落到使每一个党员都不敢在群众之前暴露他的面目。低落到使社会上一般洁身自爱的人，听到党这个名词便生厌倦。"④

不仅党外的人对党厌倦，国民党内的人也"在党厌党"，而三青团方面更有"弃党造党"的主张，几乎举国上下对国民党形成一个睥睨、鄙视乃至厌弃的社会风气。国民党党员刘光炎举例说："一个同

---

① 程元斟：《本党土地政策应即实行》，《革新周刊》第 1 卷第 4 期，1946 年 9 月。

② 《张治中回忆录》上册，文史资料出版社 1985 年版，第 405 页。

③ ［美］杰克·贝尔登：《中国震撼世界》，北京出版社 1980 年版，第 5 页。

④ 贺岳僧：《党的腐败原因之分析》（一），《革新周刊》第 1 卷第 3 期，1946 年 8 月。

样学力的学者，假使他是国民党员，上级对他的看法，就好像差些；反之，如果他没有国民党党籍的，上级对他的看法，便特别不同。"①国民党内部也有一种崇外轻内的风气，"近年以来，似乎党的人才方面，倾向外方，党内似乎已无人材。无论哪一部门，都以外面的人为吃香。只要是本党党员，就不被看重"。

国民党革新分子认为，这种风气的形成，国民党党员首先应该自我反省。他们认为："今天的党员太不把自己当人了！小焉者只要有一个位置，便坐以待'币'；大焉者无非争权夺利，很少为民族国家想的。"由于国民党党籍不仅不能带来什么好处，相反会对自己的形象产生很大的负面影响，很多明智一点的家庭都反对自己的子女和亲友加入国民党。中央政治大学一位自称有血气有正义感有责任心的学生以悲愤的语气述说了他作为一个普通国民党员的屈辱感受：

> 衮衮诸公，你们只看见人家公开的骂，而却听不到人家背地里的骂，更没有人敢当着你们的脸面骂，然而，低级的干部们却戴了一顶挨骂的帽子，看颜色，仰鼻息，不仅挨骂，而且挨打……我真不好意思向朋友们谈党谈国家大事。怕吗？有什么可怕的呢？我们不是被强迫的呀！有时远方的朋友写信来，问题使我难以置答。心里一阵心酸，一阵迫害，还有什么可夸？铁的事实摆在面前，而真正的党魂竟寄托在什么人的身上呢？说起党内分子，我真不愿去分析。抗战以来，不知多少不配做革命反而是革命对象的人，都踏上党的桥升官发财了，而党内的党员吸收家自以为得计，以为"天下英雄尽入吾彀"，自以为全国都是党员，力量岂不是更大。其实在几年内那些真正为了党国而斗争的同志们，他们的成绩却给别人抵消了。②

---

① 刘光炎：《国民党这一代没有人才吗？》，《革新周刊》第 1 卷第 9 期，1946 年 9 月。

② 黄坚清：《青年党员的悲愤》，《革新周刊》第 1 卷第 12 期，1946 年 10 月。

国民党形象的沦落不堪，与党机器的积弊沉疴密切关联。其时国民党内流行着一首顺口溜：

> 党离党员，党员离党；党离民众，民众离党；
> 上层有党，下层无党；都市有党，乡村无党；
> 做官有党，做事无党；为私有党，为公无党；
> 空谈有党，实行无党；党外有党，党内有党；
> 党的头大，党的脚小；党的名存，党的实亡。[①]

国民党革新分子声称，由于党与党员脱节，党与民众疏离，国民党不仅缺乏社会基础，甚至缺乏党员基础。大多数党员只是挂名党员，与党组织不发生关系，只见党部活动，不见党员活动。党成了少数办党吃党饭的人的党，而不是党员的党。[②]

还令国民党革新分子痛愤的，是国民党没有真正做到以党统政，政权旁落于官僚之手。他们认为，在训政时期，党应该高于政府，对政府实行监督指导，然而政府早已与党脱离关系，党失去了统御政府的权力和尊严。尤其在地方一级，各省党部完全成了政府的尾巴，不是党部指导政府，而是政府左右党部，有时政府措施乖戾，损害人民权益，党部不能替人民说话，反而为政府去多方掩饰辩护。政府的施政与党部的宣传背道而驰。党部成了卖膏药的机关，被社会轻视。[③]

国民党政权所代表的是大地主、大资产阶级的利益，其统治的社会基础极其狭隘，这决定了它既不能容忍、也经受不住任何的民主改革。后来担任美国国务卿的艾奇逊在其回忆录中承认，国民党存在着维护特殊利益的集团，它"愈来愈流露出这样一种信念：追求统一和民主的中国，他们就丧失一切"。

毛泽东在领导中国人民对大资产阶级进行斗争时，针对大资产阶

---

① 马星野：《怎样改造国民党》，南京新国家建设协会1948年印行，第16页。
② 贺岳僧：《再论革命与除腐》，《革新周刊》第1卷第22期，1946年12月。
③ 郭去病：《从党的颓风论党的改进》，《革新周刊》第1卷第12期，1946年10月。

级主要实行军事镇压，有时也辅之于政治欺骗的情况，也相应采取了两手策略，以革命的两手反对反革命的两手。一方面放手发动群众，壮大人民武装，坚决进行革命的武装斗争或做好进行革命的武装斗争的准备；一方面，注意运用政治斗争的武器，必要时可以同大资产阶级及其政治代表进行和平谈判，通过这种迂回途径暴露敌人、扩大革命阵地。抗日战争结束后，蒋介石一方面大力准备发动内战，一方面邀请毛泽东与之谈判。对于此，毛泽东说："我们的方针，既要确定同蒋介石谈判，同时准备蒋一定要打。蒋采取两面策略，我们就学他，也实行两手。"① 同时，毛泽东又告诫各解放区的领导人说："你们绝对不要依靠谈判，绝对不要希望国民党发善心，它是不会发善心的。必须依靠自己手里的力量，行动指导上的正确，党内兄弟一样的团结和对人民有良好的关系。坚决依靠人民，就是你们的出路。"②

　　中国人民在与大资产阶级的政治代表斗争时，在特定的条件下，为了集中力量反对当前的主要敌人，与另一部分大资产阶级建立过统一战线的关系。在大革命时期和抗日战争时期，"中国的大资产阶级曾经两次被迫参加统一战线，又叛变出去"。③ 这种情况的发生，主要是"由于中国的带买办性的大资产阶级的各个集团是以不同的帝国主义为背景的，在各个帝国主义间的矛盾尖锐化的时候，属于别的帝国主义系统的大资产阶级集团也可能在一定程度上和一定时期内参加反对某一帝国主义的斗争"。"在这种一定的时期内，中国无产阶级为了削弱敌人和加强自己的后备力量，可以同这样的大资产阶级集团建立可能的统一战线，并在有利于革命的一定条件下尽可能地保持之。"④但必须清醒地认识到，"在买办性的大资产阶级参加统一战线并和无产阶级一道向共同敌人进行斗争的时候，它仍然是很反动的，它坚决地反对无产阶级及其政党在思想上、政治上、组织上的发展，而要加以限制，而要采取欺骗、诱惑、'溶解'和打击等等破坏政策，并以

　　① 《毛泽东文集》第4卷，人民出版社1996年版，第76页。

　　② 《毛泽东选集》第4卷，人民出版社1991年版，第1154页。

　　③ 李维汉：《统一战线问题与民族问题》，人民出版社1981年版，第29页。

　　④ 《毛泽东选集》第2卷，人民出版社1991年版，第607页。

这些政策作为它投降敌人和分裂统一战线的准备"①。中国人民在与大资产阶级联合时，如果没有明确、坚定的方针，不敢进行必要的斗争，不采取相应的防范措施，党就可能瓦解，革命就可能失败。

（四）领导人民废除封建地主土地所有制

几千年的封建地主土地所有制是中国人民特别是中国农民受剥削压迫的根源，毛泽东领导中国人民通过土地改革废除了封建地主土地所有制，实现了农民的翻身解放，铲除了中国人民受压迫的经济根源。

在近代中国，人民的解放从一定意义上讲主要就是农民的解放。因此，毛泽东非常重视农民问题在新民主主义革命中的重要作用，他认为中国革命的基本问题就是农民问题，使农民从政治压迫和经济剥削下解放出来，成为社会和国家的主人。1944 年毛泽东致《解放日报》社社长秦邦宪的信中指出："民主革命的中心目的就是从侵略者、地主、买办手下解放农民。"② 1948 年 1 月 15 日他在出席西北野战军前委扩大会议上的讲话中指出，人民大众主要就是农民，人民大众的解放主要是农民的解放，农民的解放就是"打破封建的土地所有制，实行彻底的平分土地，把土地所有权交给农民，使农民放心大胆好好生产，改进农作方法"③。

作为一个来自农民家庭又熟悉农民的进步知识分子，毛泽东很早就对中国农民问题予以关注。早在 1919 年 7 月 28 日，他就在《民众的大联合》一文中，号召农民联合起来，解决自己的问题。他说："种田的诸君！田主怎样待遇我们？租税是重还是轻？我们的房子适不适？肚子饱不饱？田不少吗？村里没有没田作的人吗？这许多问题，我们应该时时去求解答。应该和我们的同类结成一个联合，切切实实

---

① 《毛泽东选集》第 2 卷，人民出版社 1991 年版，第 607 页。
② 《毛泽东文集》第 3 卷，人民出版社 1996 年版，第 206 页。
③ 《毛泽东文集》第 5 卷，人民出版社 1996 年版，第 23 页。

彰明较著的去求解答。"①

1923 年 4 月，毛泽东派共产党员刘东轩、谢怀德到他们的家乡衡山县岳北白果乡开展农运工作。同年 6 月，在中共三大上，毛泽东特别强调了农民问题对于革命的重要意义。曾经是中国共产党早期领导人的张国焘后来回忆说：会议讨论的问题，"在会前多已经再三提到过的。只有农民运动，是一个新提出来的问题。在中共的历次讨论中，直到第三次全国代表大会，代表才注重这个问题，尤以毛泽东为然"。"毛泽东向大会指出，湖南工人数量很少，国民党员和共产党员更少，可是满山遍野都是农民，因而他得出结论，任何革命，农民问题都是最重要的。他还证以历代的造反和革命，每次都是以农民暴动为主力。中国国民党在广东有基础，无非是有些农民组成的军队，如果中共也注重农民运动，把农民发动起来，也不难形成像广东这类的局面。这种看法，是毛泽东这个农家子对于中共极大的贡献。"②

毛泽东真正投入精力去从事农民运动，是 1925 年回乡养病组织韶山农民运动。在韶山从事农民运动的实践，推动了毛泽东对中国农民问题的认识。1925 年 12 月 1 日毛泽东在《中国社会各阶级的分析》一文中，明确指出，农民是中国无产阶级的最广大和最忠实的同盟军。

1926 年 9 月 1 日，毛泽东在编辑《农民问题丛刊》第 1 辑出版时，写了一篇序言，题为《国民革命与农民运动》。在这篇文章他首先就指出，"农民问题乃国民革命的中心问题，农民不起来参加并拥护国民革命，国民革命不会成功；农民运动不赶速地做起来，农民问题不会解决；农民问题不在现在的革命运动中得到相当的解决，农民不会拥护这个革命"。因为"经济落后之半殖民地革命最大的对象是乡村宗法封建阶级（地主阶级）"，"经济落后之半殖民地的农村封建阶级，乃其国内统治阶级国外帝国主义之唯一坚实的基础，不动摇这个基础，便万万不能动摇这个基础的上层建筑物"。因此，他号召"有大批的同志，立刻下了决心，去做那组织农民的浩大的工作。要

---

① 《毛泽东早期文稿（1912.6—1920.11）》，湖南出版社 1990 年版，第 374 页。
② 张国焘：《我的回忆》上，东方出版社 1991 年版，第 273—274 页。

立刻下了决心，把农民问题开始研究起来。要立刻下了决心，向党里要到命令，跑到你那熟悉的或不熟悉的乡村中间去，夏天晒着酷热的太阳，冬天冒着严寒的风雪，挽着农民的手，问他们痛苦些什么，问他们要些什么。从他们的痛苦与需要中，引导他们组织起来，引导他们向土豪劣绅争斗，引导他们参与反帝国主义反军阀的国民革命运动"。①

大革命后期，毛泽东为了答复当时党内外对于农民革命斗争的责难，从 1927 年 1 月 4 日开始，身着蓝布长衫，脚穿草鞋，手拿雨伞，考察了湘潭、湘乡、衡山、醴陵、长沙五县。历时 32 天，行程 700 里，写出了著名的《湖南农民运动考察报告》。在这个报告里。毛泽东回击了当时对农民运动的责难，赞扬农民运动"好得很"，还指出贫农"乃是农民协会的中坚，打倒封建势力的先锋，成就那多年未曾成就的革命大业的元勋。没有贫农阶级（照绅士的话说，没有'痞子'），决不能造成现时乡村的革命状态，决不能打倒土豪劣绅，完成民主革命"。② 他还明确地提出："农民问题只是一个贫农问题，而贫农的问题有二个，即资本问题与土地问题。这两个问题都已经不是宣传的问题而是要立即实行的问题。"同时还"要推翻地主武装，建立农民武装"。

1936 年，他在延安会见美国作家斯诺时说："谁赢得了农民，谁就会赢得了中国，谁解决土地问题，谁就会赢得农民。"③

1940 年，毛泽东在《新民主主义论》中指出："中国的革命实质上是农民革命"，"农民问题，就成了中国革命的基本问题，农民的力量，是中国革命的主要力量"。④

1947 年，毛泽东总结革命实践经验，指出："全党必须明白，土地制度的彻底改革，是现阶段中国革命的一项基本任务。如果我们能

---

① 《毛泽东文集》第 1 卷，人民出版社 1993 年版，第 37、39 页。
② 《毛泽东选集》第 1 卷，人民出版社 1991 年版，第 21 页。
③ ［美］洛易斯·惠勒·斯诺：《斯诺眼中的中国》，中国学术出版社 1982 年版，第 47 页。
④ 《毛泽东选集》第 2 卷，人民出版社 1991 年版，第 692 页。

够普遍地彻底地解决土地问题，我们就获得了足以战胜一切敌人的最基本的条件。"①

　　正是基于对农民问题的正确认识，毛泽东将中国农民问题的解决与中国革命的出路结合起来，将中国农民的翻身解放与中国社会的变革联系起来。他为中国农民开创了一条通向翻身解放的道路——"农村包围城市，武装夺取全国政权"。他把农村视为革命的主战场，把土地问题作为中国革命的根本问题，把中国农民当作中国革命的主力军，领导农民去推翻不能解决中国农民问题的国民党反动政权和铲除中国几千年封建专制统治的社会基础——封建地主土地所有制。在解决农民土地问题的过程中，毛泽东从中国的实际情况出发，制定了没收封建地主阶级的土地归农民私有，变封建地主土地私有制为个体农民私有的政策方针。这种方针，既是毛泽东把马克思主义与中国实际相结合，在解决中国农民土地问题方面的一大创造，也适应了当时的生产力发展水平，受到了广大农民的欢迎。

　　从土地革命战争时期的土地革命，到抗日战争时期的减租减息，再到解放战争时期的土地改革，毛泽东为解决农民土地问题进行了艰辛的探索。土地改革从解放战争时期开始进行，到新中国成立后的1952年冬，除台湾省和一部分少数民族地区以外，全国的土地改革基本结束，使3亿无地或少地的农民分得了约7亿亩土地和其他生产资料，免除了过去每年向地主缴纳约700亿斤粮食的繁重地租，彻底消灭了在中国延续几千年的封建制度的基础——地主阶级的土地所有制。

　　中国共产党的土改政策当时得到了爱国民主人士和起义将领的支持。民革中央主席李济深说："封建半封建土地所有制的存在，阻碍了人民的中国走上工业化现代化的前程，我们中央人民政府和人民民主统一战线的每一个参加单位，都以最大的决心，来完成土地改革这一历史任务。"② 爱国起义将领刘文辉说，"我就是一个大地主。拿四川话来说就是'大绅粮'。我将无条件无保留地献出我所有的一切土

①　《毛泽东选集》第4卷，人民出版社1991年版，第1252页。

②　转引自李维汉《回忆与研究》下，中共党史资料出版社1986年版，第712页。

地，分给农民，在没有实行土改以前，当然还要照章纳粮税。今天是川康所有'大绅粮'应该觉悟的时候了！"① 爱国起义将领卢汉说，土改"关系今后建国的根本"。"自己原是一个地主，回到家乡，一定要多方解说，劝导，为实现土改而斗争，自己首先放弃过去地主享有的非法权益。"② 爱国起义将领邓锡侯说，"这样一个土地制度的改革，在我个人，我可以坦白地说，是和我本阶级（地主阶级）的阶级利益相冲突的"。"我愿诚挚的拥护这样的一个土地改革，我要坚决的放弃本阶级的利益，来服从全国人民的利益。""我抱定决心，不仅做到军事上的'起义'，而且更要做到阶级上的'起义'。"③

土地改革使农民政治上获得翻身。韩丁的《翻身——一个中国村庄的革命纪实》和克鲁柯夫妇的《十里店——一个中国村庄的群众运动》，分析了土改对农民的"翻身"意义。韩丁特别界定了"翻身"的意义："对于中国几亿无地和少地的农民来说，这意味着站起来，打碎地主的枷锁，获得土地、牲畜、农具和房屋。但它的意义远不止于此。它还意味着破除迷信，学习科学；意味着扫除文盲，读书识字；意味着不再把妇女视为男人的财产，而建立男女平等关系；意味着废除委派村吏，代之以选举产生的乡村政权机构。总之，它意味着进入一个新世界。"④

以毛泽东为代表的中国共产党人之所以能够废除封建土地所有制，就是因为中国共产党人能够代表农民的利益。美国著名记者埃德加·斯诺认为，"共产党之所以胜利是因为他们实行平均地权，并让农民在斗争中享有经济实惠。正是在这个基础上，他们之间建立了一个政治联盟。由于有了这样的联盟，他们开展了群众运动"。美国著名汉学家费正清也认为，"中国共产党正在取胜，是因为它将占中国人口绝大多数的贫苦农民组织起来了。国民党有过 20 年的时间去做这件

---

① 转引自李维汉《回忆与研究》下，中共党史资料出版社 1986 年版，第 713 页。

② 同上。

③ 同上。

④ 韩丁：《翻身——一个中国村庄的革命纪实》，"关于'翻身'一词的说明"，北京出版社 1980 年版。

事，但是它却没有去抓住这个机会。共产党组织农民确有一套，泼辣、坚决，但是有利于群众、极具号召力。共产党的成功，恰恰反映出国民党在组织农民成为国家政权基础的无能和失败"①。

1965 年 8 月 3 日，毛泽东在与法国总统戴高乐的特使、文化事务国务部长马尔罗交谈时，马尔罗问："我认为在毛主席之前没有任何人领导过农民革命获得胜利。你们是如何启发农民这么勇敢的？"毛泽东回答："这问题很简单。我们同农民吃一样的饭，穿一样的衣，使战士们感受到我们不是一个特殊阶层。我们调查农村阶级关系，没收地主阶级的土地，把土地分给农民。"②

---

① 参见张彦编译《中共为什么 1949 年会胜利——美国远东问题专家如是说》，《炎黄春秋》2009 年第 9 期。

② 《毛泽东传（1949—1976）》下，中央文献出版社 2003 年版，第 1393—1394 页。

三

毛泽东与人民当家做主

　　毛泽东不仅仅要让人民翻身解放，而且通过推翻几千年的剥削压迫制度，建立人民民主专政的国家政权，实现人民当家做主。毛泽东一生为探索人民当家做主道路进行了艰苦探索。这个过程中，他既取得了成功，也走了弯路。他把群众运动作为人民群众参与政治的重要形式，为了防止人民公仆变为人民的老爷，晚年毛泽东不惜发动"文化大革命"，陷入了探索的歧途，留下了历史的教训。

（一）人民民主是社会主义的生命

　　人民民主是社会主义的生命。在毛泽东看来，社会主义作为扬弃资本主义的一种社会形态，不仅在经济上要消灭资产阶级生产资料私有制，消灭两极分化，实现共同富裕，而且在政治上要超越资产阶级民主，摆脱资产阶级凭借金钱对政治的控制，实现人民民主。马克思早在 1843 年夏天写的《黑格尔法哲学批判》中就提出："人民是否有权来为自己建立新的国家制度呢？对这个问题的回答应该是绝对肯定的，因为国家制度如果不再真正表现人民的意志，那它就变成有名无实的东西了。"① 显然，在马克思主义经典作家看来，真正的民主，应该是人民主权、人民意志的实现，就是人民自己创造、自己建立、自己规定国家制度，以及运用这种国家制度决定自己的事情。简言之，民主的实质就是"人民当家做主"。对于巴黎公社这个人类历史上第一个无产阶级政权，马克思指出"它是由人民自己当自己的家"②。马克思在《法兰西内战》中还提出，为了恢复社会的政治权力，要把生产者在劳动机构而不是议会机构中组织起来，使这种机构同时兼有行政和立法的职能，行使社会所必需的行政职能的将不再是社会任命的官吏，而是纯粹的劳动者（或为他们所承认的代表），他们由群众选举产生，直接对群众负责，群众随时可以撤换他们。此外，从事公务的人只领取相当于普通工人的薪金，没有任何特殊的地位或特权。

列宁在反驳资产阶级对苏维埃革命的攻击时指出："资产阶级及其拥护者责备我们破坏民主。我们说，苏维埃革命无论在深度和广度方面都空前地推动了民主的发展，而且它所推动的正是受资本主义压迫的广大劳动群众享受的民主，因而也就是绝大多数人享受的民主，也就是不同于资产阶级民主（剥削者的、资本家的、富人的民主）的社会主义民主（劳动人民的民主）。"③ 他还提出，苏维埃民主应该是全体居民真正平等地、真正普遍地参与一切国家事务④，"着手使真正全体人民都学习管理，并且开始管理"⑤。

列宁还指出："没有民主，就不可能有社会主义，这包括两个意思：（1）无产阶级如果不通过争取民主的斗争为社会主义革命做好准备，它就不能实现这个革命；（2）胜利了的社会主义如果不实行充分的民主，就不能保持它所取得的胜利，并且引导人类走向国家的消亡。"⑥

---

① 《马克思恩格斯全集》第 1 卷，人民出版社 1956 年版，第 316 页。

② 《马克思恩格斯全集》第 17 卷，人民出版社 1995 年版，第 565 页。

③ 《列宁全集》第 37 卷，人民出版社 1986 年第 2 版，第 280 页。

④ 《列宁全集》第 28 卷，人民出版社 1990 年第 2 版，第 111 页。

⑤ 《列宁选集》第 3 卷，人民出版社 1995 年版，第 504 页。

⑥ 《列宁全集》第 28 卷，人民出版社 1990 年第 2 版，第 168 页。

社会主义制度在苏联的建立，为人民民主的实现提供了制度前提和物质基础。苏联之所以能够在帝国主义的重重包围中，打破帝国主义的封锁，打破帝国主义的围剿，赢得卫国战争的胜利，取得社会主义建设的重大成就，与苏联实现人民民主是分不开的。而苏联、东欧社会主义国家后来蜕变，在很大程度上是由于没有找到人民民主的实现形式，共产党蜕变为"干部党"、"精英党"，政权日益脱离人民群众，普通人民群众的生活与国家的政治生活日益疏离所致。苏联、东欧社会主义国家蜕变的历史说明，社会主义一旦丧失人民民主，早晚会导致社会主义生命力的枯竭。

经典作家对人民民主的论述，成为毛泽东探索人民民主道路的理论指导；苏联等社会主义国家的实践成为毛泽东探索人民民主道路的借鉴；中国共产党在革命时期的实践成为毛泽东探索人民民主道路的直接经验。

实现人民民主，是毛泽东的一贯追求。毛泽东早在新中国成立前就明确指出，"没有广大人民的民主，就没有人民当家作主的国家"。后来他又指出，"没有广泛的人民民主，无产阶级专政不能巩固，政权会不稳"。"没有民主，没有把群众发动起来，没有群众的监督，就不可能对反动分子和坏分子实行有效的专政，也不可能对他们实行有效的改造，他们就会继续捣乱，还有复辟的可能。"毛泽东想通过人民民主，实现这样的目标："我们的目标，是想造成一个又有集中又有民主，又有纪律又有自由，又有统一意志、又有个人心情舒畅、生动活泼，那样一种政治局面。"① 这样"中国会变成一个大强国而又使人可亲"②。

在毛泽东为代表的中国共产党人的领导下，经过28年的民主革命，实现了国家独立和民族解放，建立了人民民主专政的国家政权，为人民民主的实现提供了政治前提；通过社会主义改造，建立了社会主义制度，实现了人民的经济平等，为人民民主的实现奠定了制度基

---

① 《建国以来毛泽东文稿》第6册，中央文献出版社1991年版，第543页。
② 同上书，第405页。

础；还把人民民主运用于社会实践的各个方面和各个层面，"就各个方面而言，有政治民主、经济民主、文化民主、社会民主、党内民主、军事民主和国际民主等；就各个层面而言，有民主政治制度、民主权利、民主管理原则、民主精神、民主素质、民主作风和民主方法等。这就形成了以人民民主概念为核心的民主理论体系"①。毛泽东对人民民主道路的探索，分为革命时期和建设时期。

（二）民主革命时期对人民民主的探索

1920 年，毛泽东就提出，"'湘人治湘'，是对'非湘人治湘'如鄂人治湘皖人治湘等而言，仍是一种官治，不是民治。故'湘人治湘'一语，我们根本要反对。因为这一句话，含了不少的恶意，把少数特殊人做治者，把一般平民做被治者，把治者做主人，把被治者做奴隶。这样的治者，就是禹汤文武，我们都给他在反对之列。

"我们主张组织完全的乡自治，完全的县自治，和完全的省自治。乡长民选，县长民选，省长民选，自己选出同辈中靠得住的人去执行公役，这才叫做'湘人治湘'。"②

1921 年，中国共产党的诞生开启了中国人民救亡图存斗争的崭新阶段，开始了在以毛泽东为核心的中国共产党领导下争取人民民主、不断实现和日益发展人民民主的历史。

1922 年 7 月，中共二大在中国近代史上第一次提出了反帝反封建的民主革命纲领，为中国人民指出了明确的斗争目标。党的二大指出党在现阶段的革命纲领应当是"打倒军阀；推翻国际帝国主义；统一中国使它成为真正的民主共和国"。党的二大宣言提出：工人和农民，无论男女，在各级议会有无限制的选举权，言论、出版、集会、结社、

①　李铁映：《论民主》，中国社会科学出版社、人民出版社 2001 年版，第 107 页。

②　《毛泽东早期文稿（1912.6—1920.11）》，湖南出版社 1990 年版，第 523—524 页。

罢工等绝对自由。1922 年 9 月 13 日，《向导发刊词——本报宣言》指出：所谓民主政治、立宪政治，简言之，"只是市民对于国家所要的言论、集会、结社、出版、宗教信仰这几项自由权利。所以有人说，宪政就是国家给予人民权利的证书。所谓权利，最重要的就是这几项自由。所以世界各民族，一到了产业发达人口集中的都市，立刻便需要这几项自由，也立刻发生民主立宪的运动。这是政治进化的自然（规）律，任何民族任何国家可以说没有一个例外"。

大革命时期，毛泽东领导中国人民通过革命去推翻压在中国农民头上的政权、绅权、族权和夫权，尤其是封建地主阶级政权。他指出："农村革命是农民阶级推翻地主阶级的权力的革命。农民若不用极大的力量，决不能推翻根深蒂固的地主权力。"① 推翻地主政权后，代之而起的是农民阶级的政权，这种政权只"属于乡村一般民众，封建余孽及一切反革命分子，当然不允许其参与"。农民政权的组织形式是由农民选举产生的乡民代表会议制度，它以乡民会议为其权力机关，由乡民会议产生它的执行机关——乡村自治委员会。毛泽东指出农民政权担负三个方面的基本任务：第一，对土豪劣绅、不法地主和一切反革命实行反革命专政；第二，领导农民开展经济斗争，解决农民的土地问题；第三，摧毁农村封建旧秩序，建立农村民主新秩序。

1927 年大革命失败后，在土地革命战争时期开展的根据地政权建设中，毛泽东提出了建立工农共和国的思想。他强调把人民民主思想贯彻到各个方面，指出中国不但人民需要民主主义，军队也需要民主主义。军队内的民主主义制度，将是破坏封建雇佣军队的一个重要武器。

1930 年 4 月间，毛泽东在向工农革命军第一师第一中队教导队全体指战员讲话中阐述红军官兵关系时说：红军官兵都是革命同志，完全不同于白军官兵关系。你们现在是教导队的学员，结业以后回去当军官。长官同士兵在政治上是平等的，因此要讲道理，要说服教育，不要打人骂人。他还以婆媳关系打比方说："婆婆折磨媳妇，媳妇最

① 《毛泽东选集》第 1 卷，人民出版社 1991 年版，第 17 页。

不满意。但自己当了婆婆之后，又去折磨媳妇，媳妇满意不满意呢？你们将来不要打骂士兵，不然，士兵也不会满意你们，那还怎么团结一致去打倒国民党军阀呢？"①毛泽东一直尊重普通士兵的平等权利，在军队实现军队民主，建立士兵委员会。

1931年11月，在江西瑞金召开的中华苏维埃工农兵第一次全国代表大会制定的《中华苏维埃共和国宪法大纲》对如何保证工农兵当家做主进行了明确的规定。

抗日战争时期，以毛泽东为代表的中国共产党人继续探索民主建设道路，把抗战与民主紧密结合起来，从实践上探索了许多具有长远意义的经验，从理论上不仅形成了具有中国特色的人民民主概念，还丰富了马克思主义关于将民主推广应用于社会各领域、各层面的思想。

早在全面抗战爆发前，中共就指出："只有民主运动的发展，抗日救亡运动才能成为广大群众的运动，民众力量乃能发扬，敌人才能战胜。也只有民主运动的发展，中国内部的矛盾才能用民主的方法求得适当的解决。""目前政治制度的民主改革与人民自由的取得，是迫切地为了全国抗日救亡运动的发展和抗战的发动与胜利。也只是为了这一目的，中国的民主运动才能顺利的发展起来，以至走到彻底的胜利。把民主与抗战分开或对立起来的企图完全是错误的，也是不会成功的。"②1937年2月10日中共中央给国民党三中全会电内称："在特区政府区域内，实施普遍的彻底的民主制度。"③1937年5月，毛泽东在苏区党代表大会报告中提出："苏区改变为统一的民主共和国的组成部分，实施新的民主制度……造成抗日与民主的模范区。"④

全面抗战爆发后，毛泽东进一步阐述了抗战与民主的关系。1937年7月23日，他在《反对日本进攻的方针、办法和前途》中强调：要

① 李琦编著：《毛泽东与联系群众》，中央文献出版社2004年版，第27页。

② 《中共中央告全党同志书》，《六大以来》上，人民出版社1981年版，第828页。

③ 《延安民主模式研究资料选编》，西北大学出版社2004年版，第39页。

④ 同上。

使抗日战争成为真正的人民战争，就必须在战争的同时进行必要的政治经济改革，废止国民党的一党专政，给人民以充分的抗日民主自由，并适当改善人民生活。①

1937 年，毛泽东在同英国记者詹姆斯·贝特兰谈话中指出，"我们党的全体党员当然只是中国人民中的一小部分"，"只有那一小部分反映了大多数人民的意见，并且只有那一小部分为了大多数人民的利益而工作才能使人民与党之间的关系健全"。"今天共产党不仅反映了农民和工人的意见，而且也反映了许多抗日地主、商人、知识分子等等的意见。共产党是愿意而且将一直准备着和那些预备和它合作的一切中国人民紧密合作的。""这种愿意表示在我们的民主代议的三三制中，它限制了共产党党员在所有被选出的机构中的议席最高只占全数的三分之一，而把其余三分之二的席位让给其他党派的党员和无党无派分子。""我们听取人民的意见。通过了村、镇、区、地方和在我们占领地区的各处的人民会议的媒介，通过了党员和各阶层男女居民间的个别谈话；通过了特别会议，新闻报纸，和我们从人民那里收到的电报和信件——通过了这一切，我们常常能够发现，而且的确发现了真正的、不矫饰的人民的意见。"②

1937 年 8 月 22 日至 25 日，中共中央召开的洛川会议通过的《关于目前形势与党的任务的决定》指出：国民党不给人民以抗日救国的民主权利，不去彻底改革政治机构，惧怕和限制人民的参战运动，将抗战看成是政府的事的片面的抗战路线，包含着极大的危险，是不利于中国抗战之顺利发展与取得最后胜利的。这次会议通过的《抗日救国十大纲领》主张"废除一切束缚人民爱国运动的旧法令"，"释放一切爱国的革命的政治犯，开放党禁"，全国人民除汉奸外，"皆有救国的言论、出版、集会、结社及武装抗日之自由"；"召集真正人民代表的国民大会，通过真正的人民宪法，决定抗日救国方针，选举国防政府"；"国防政府已采取民主集中制"，"必须吸收各党各派及人民团体

---

① 《毛泽东选集》第 2 卷，人民出版社 1991 年版，第 343—350 页。
② 《毛泽东自述》，人民出版社 1996 年版，第 284 页。

的革命分子""实行地方自治"等。①

1939 年 5 月，毛泽东提出人民民主这个概念。他指出，中国革命的目的"就是打倒帝国主义和封建主义，建立一个人民民主的共和国""建立人民民主主义的制度"②。随后，他进一步指出，"民主必须是各方面的，是政治上的、军事上的、经济上的、文化上的、党务上的以及国际关系上的，一切这些，都需要民主"③。

在抗日根据地，中国共产党贯彻了真正的民主选举制度，建立了"三三制"政权。1939 年 9 月，重庆的一位民间学者发表文章介绍说："在晋察冀边区，在冀南区，在晋东南，在鲁西北……政权机关已经走上或开始走上民主化的道路。"④

在毛泽东的领导下，陕甘宁边区成为民主的模范，被视为中国民主的希望。

《陕甘宁边区选举条例》贯彻"实施普选的彻底的民主制度"的精神，规定选举采取普遍的直接的无记名制："凡居住陕甘宁边区区域的人民，在选举之日，年满 16 岁，无男女、宗教、民族、财产、文化的区别，都有选举权和被选举权。"为了适应战时环境和民众文化素质不高的情况，各地采取了多种多样行之有效的形式。如设立流动票箱，采取流动投票、任人投豆、烧香点洞等方式。群众投票比例非常高。陕甘宁边区 1937 年第一次选举参加选举的选民一般占选民总数的 80%。

在陕甘宁边区，政权是人民的政权，团结了各阶层人民首先是农民群众，同时照顾其他阶级，人民的利益高于一切，在人民之外没有其他利益；工作是依靠人民，组织人民，帮助人民，为人民的利益而奋斗。中共中央要求在政府工作中的党员"以艰苦奋斗接近民众，保

---

① 《中国现代史资料选辑》第 5 册上，中国人民大学出版社 1989 年版，第 195 页。

② 《毛泽东选集》第 2 卷，人民出版社 1991 年版，第 563 页。

③ 《毛泽东文集》第 3 卷，人民出版社 1996 年版，第 169 页。

④ 《中国现代史资料选辑》第 5 册下，中国人民大学出版社 1989 年版，第 289—290 页。

护民众利益的模范作用，改造过去时代腐败的政治机构，实行政府的民选，澄清中国几千年来的政民对立的管理制度，肃清贪赃枉法无恶不作的衙门恶习……使边区各级政府真正成为民众自己的政府，真正成为全民族需要的、抗日的、民主的、廉洁的政府"。在具体的民主实施上表现为：

首先，边区、县、乡三级人民代表机关，是人民直接与自由选举的，是各级政府最高权力机关，有选举罢免政府人员和决定一切重要问题的权力。在各级人民代表和政府人员中，任何政党都不能超过三分之一。在具体的政策制定上，实行大家研究，取决于多数。

其次，表现在民主权利的广泛与实际。① 政治上，言论、出版、集会、结社、参政等，不仅没有限制，且人民大大地受到了诱导与帮助。比如选举，深入每个家庭，每个人民都能无拘无束地表示意见；报馆通讯员，经常访问农村工厂；农工、青妇等群众组织，无不得到政府协助。经济上，农民有减租减息保障佃权的自由，使其不受过甚剥削；另一方面，大放农贷，提高合作与变工，改良农作法，奖励劳动，改造游民，使贫困的农村个体经济得到发展。工业上，工人生活改善了，同时资本家也有正当利润可图；奖励资本家投资，奖励地主转营工业。边区经济，是公营、合作社、私营的自由发展，而公营企业与合作社必以帮助与发展整个国民经济为依归。文化卫生上，人民有免于愚昧与免于不健康的权利。总之，人民为着创造自己的生活，保护自己的生活，都有权利去做，或由他们自己直接做，或经过自己所委任的（如选举）忠实的人做，也等于自己在做。这是旧型民主国家所未有的，或形式有而实际未有的。"渗透到人民各个生活方面的民主，是人民的共同要求，也只有发动人民的共同力量，才能做到好处，才能使人民认识到贫困愚昧受压迫的根源，认识到怎样做可以翻身；翻身，不止是由没吃没穿，翻到有吃有穿，而且是奴隶翻到主人的地位。"②

---

① 《延安民主模式研究资料选编》，西北大学出版社 2004 年版，第 33 页。

② 同上书，第 34 页。

"边区民主政权是自下而上真正建立在人民大众上的。是人民有权且有效地行使的；他的政策是来自人民大众中的意见与愿望，又到人民大众中去考验的；他的工作人员是来自人民大众及人民大众化的。因此脱离群众的一切传统的官僚作风，在边区没有他的地位。而为人民服务的事业，如抗战运动，生产运动，卫生文化运动，检讨工作运动……人民与工作人员一起干，不仅常常成绩超过预计，且常常创造出许多新的方法与技术，这是其他政权所不能有的，这叫做人民的大团结与大统一。"①

中国共产党领导的边区政权，之所以能够实行人民民主，"主要是由于党代表着最多数民众，站在最大多数民众利益上，而不是要造就少数有力的统治者；议员或政府工作人员有不忠实于人民利益的行动，人民有权利罢免他，议员或政府工作人员拥护人民这种权利，因为这于他有益的"。"我们的威信倒是能听老百姓的话，因为我们政府是老百姓自己的机关，官与民是一体的。""边区的工作人员，上至边区政府主席，下至乡政府乡长，都实行最低的津贴制度（每月一元五角至五元）。边区政府严禁任何贪污，贪污五百元以上的处死刑。这种廉洁作风，是我国政治史上光荣的创举。""党政军工作人员的报酬，不能超过一个熟练工人。这是定律。群众生活改善了，工作人员生活才能改善。先天下之忧而忧，后天下之乐而乐这句古话，我们正在力行。"②

实现人民大众当家做主，在中国历史上开启了普通民众参与国家建设、行使参政议政的先河，真正成为国家、社会和自己的主人。一位民主人士在考察根据地的选举后，感慨地说："他们这种选举方法，和可以发挥自主能力的各种事实，是给民众不识字，程度太低，即不可能实行民主者以最有力的打击。事实证明，只有在扶助民众中，才可以训练民众的能力，又达到完全的民主。"③

---

① 《延安民主模式研究资料选编》，西北大学出版社 2004 年版，第 34 页。

② 同上书，第 52 页。

③ 转引自方之光、龚云《农民运动史话》，社会科学文献出版社 2000 年版，第 143 页。

　　在国统区，中国共产党积极参与当时宪政民主运动。1939 年 10 月 2 日，中共中央专门发出《中央关于第四届参政会的指示——关于宪政运动的第一次指示》，提出中国共产党关于宪政的主张是"要求立刻实行民主政治，召集真正民选的全权的国民大会，实施宪政"，要"积极参加国民参政会宪政期成会的各种宪政运动"①。12 月 1 日，中共中央又发出《中央关于推进宪政运动的第二次指示》，要求各地党组织要"积极的主动的参加与领导这一宪政运动，使之成为发动广大民众，实现民主政治的有力的群众运动"，说明中国共产党"对宪政运动的立场，分为根本主张与临时办法两方面。我们的根本主张是要真正实现新式代议制的民主共和国"，"这种根本主张共产党是决不放弃的，即使一时不能实现，将来也还是要实现的"，要求各地党组织在各种刊物杂志上宣传我们的主张，"严厉批评各种反对国民大会，反对宪政，反对民主的言论与行动"，"指出没有宪政就会亡国的危险"。②

　　在抗战后期毛泽东提出了如何避免未来的人民政权变质的新路。1945 年 7 月，毛泽东与国民参政员黄炎培交谈时，问他的感想怎样？黄炎培说："我生六十多年，耳闻的不说，所亲眼看到的，真所谓'其兴也勃焉'，'其亡也忽焉'。一人，一家，一团体，一地方乃至一国，不少单位都没有能跳出这周期率的支配力。大凡初时聚精会神，没有一事不用心，没有一人不卖力，也许那时艰难困苦，只有从万死中觅取一生。继而环境好转了，精神也渐渐放下了。有的因为历时长久，自然地惰性发作，由少数演为多数，到风气养成，虽有大力，无法扭转，并且无法补救。也有因为区域一步步扩大了，它的扩大，有的出于自然发展，有的为功业所驱使，强求发展，到干部人才渐见竭蹶、艰于应付的时候，环境倒越加复杂起来了，控制力不免薄弱了。一部历史，'政怠宦成'的也有，'人亡政息'的也有，'求荣取辱'的也有，总之，没有能跳出这周期率。中共

---

①　《中共中央文件选集》第 12 册，中共中央党校出版社 1991 年版，第 180 页。
②　同上书，第 201—202 页。

诸君从过去到现在，我略略了解的。就是希望找出一条新路，来跳出这周期率的支配。"

毛泽东说："我们已经找到了新路，我们能跳出这周期率。这条新路，就是民主。只有让人民来监督政府，政府才不敢松懈。只有人人起来负责，才不会人亡政息。"

黄炎培认为：这话是对的。只有大政方针决之于公众，个人功业欲才不会发生。只有把每一地方的事，公之于每一地方的人，才能使地地得人，人人得事。把民主来打破这周期率，怕是有效的。①

抗战结束后，中共提出"和平、民主、团结"方针。为了争取和平民主，毛泽东不顾个人安危，于1945年8月28日偕周恩来、王若飞赴重庆与国民党当局进行谈判。10月10日，双方签署《政府与中共代表会谈纪要》，即双十协定，确认和平建国的基本方针，同意"长期合作，坚决避免内战"。

1946年1月10日，政治协商会议召开。在政协召开时，毛泽东指出，"中国和平民主新阶段，即将从此开始"。全党应为"巩固国内和平，实现民主改革"，建立新中国而奋斗。政协闭幕后的第二天，中共中央发出党内指示，指出"从此中国走上了和平民主建设的新阶段"，"中国革命的主要斗争形式，目前已由武装斗争转变到非武装的群众的与议会的斗争，国内问题由政治方式来解决。党的全部工作，必须适应这一形势"。全党要"准备为坚决实现（政协的）这些决议而奋斗"。

国民党政权不能容忍、也经受不住任何的民主改革。国民党从来没有准备去履行政协协议。在1946年3月召开的国民党六届二中全会上，蒋介石命令他的追随者对政协协议"就其荦荦大端，妥筹补救"。蒋介石以扩大内战的行动，使政协会议协议变成一纸空文。

解放战争时期，毛泽东几乎全力指挥战争，他仍然十分强调党"必须和人民群众亲密合作"。1948年1月，解放战争已经胜利在望，为了保证战争的顺利进行，毛泽东为中央军事委员会起草对党内的指

---

① 黄炎培：《八十年来》，文史资料出版社1982年版，第148页。

示《军队内部的民主运动》，要求人民军队实行政治、经济、军事民主，并明确指示："应当使士兵群众对于干部中的坏分子有揭发其错误和罪恶的权利。应当相信，士兵对于一切好的和较好的干部是不会不加爱护的。"军队内部开展的三大民主运动为保证解放战争胜利起到了根本保障作用。

在土改过程中，毛泽东就主张农民选举自己的政权、管理农村的各项事务。1948 年 4 月，他《在晋绥干部会议上的讲话》中指出："在反对封建制度的斗争中，在贫农团和农会的基础上建立起来的区村（乡）两级人民代表会议，是一项极可宝贵的经验。只有基于真正广大群众的意志建立起来的人民代表会议，才是真正的人民代表会议。这样的人民代表会议，现在已有可能在一切解放区出现。这样的人民代表会议一经建立，就应成为当地的人民的权力机关，一切应有的权力必须归于代表会议及其选出的政府委员会。"①他还要求"在乡村中可以而且应当依据农民的要求，召集乡村农民大会选举乡村政府，召集区农民代表大会选举区政府"②。

伴随着军事的胜利，中国共产党召集了全国各界人士，共同协商，建立了人民共和国。早在 1945 年，毛泽东就提出："我们主张在彻底地打败日本侵略者之后，建立一个以全国绝大多数人民为基础而在工人阶级领导下的统一战线的民主联盟的国家制度，我们把这样的国家称之为新民主主义的国家制度。"③

1948 年 4 月 30 日，中共中央发布《纪念五一劳动节口号》，提出"各民主党派、各人民团体、各社会贤达，迅速召开政治协商会议，讨论并实现召集人民代表大会，成立民主联合政府"④。中共的五一劳动节口号，得到各民主党派人士的热烈欢迎，他们先后发表了响应和拥护中共号召的宣言或声明。重新在香港恢复活动的中国民主同盟中

---

① 《毛泽东选集》第 4 卷，人民出版社 1991 年版，第 1308 页。

② 同上书，第 1272—1273 页。

③ 《毛泽东选集》第 3 卷，人民出版社 1991 年版，第 1056 页。

④ 《建党以来重要文献选编》第 25 册，中央文献出版社 2011 年版，第 283—284 页。

央宣传委员会代理主任沈志远发表文章认为，召开政治协商会议不是某一党一派的道路，而是全国人民共同的道路；通过新政治协商会议以达到民主联合政府之实现，也不是一党一派的要求，而是一切民主事业奋斗的党派、团体和各阶层人民的共同要求。

1948年9月，毛泽东在中共中央政治局会议上，论述了新中国的国体，即国家政权的阶级性。他说："我们政权的阶级性是这样：无产阶级领导的，以工农联盟为基础，但是不仅仅工农，还有资产阶级民主分子参加的人民民主专政。""我们是人民民主专政，各级政府都要加上'人民'二字，如法院叫人民法院，军队叫人民军队，以示和蒋介石政权不同。"① 关于新中国的国体，即国家政权的组织形式，他说，我们"不必搞资产阶级的议会制和三权鼎立等"，这套东西"袁世凯、曹锟都搞过，已经臭了"，我们应当"建立民主集中制的各级人民代表会议制度"。

在1949年的新年贺词——《将革命进行到底》中，毛泽东明确提出了"无产阶级领导下的以工农联盟为主体的人民民主专政"概念。

1949年1月22日，李济深、沈钧儒、马叙伦、郭沫若、谭平山等民主党派的领导人和著名的无党派民主人士55人联名发表《对时局的意见》，一致认定中共提出的关于召开政治协商会议、成立联合政府的主张，"符合于全国人民大众的要求"，恳切表示"愿在中共领导下，献其绵薄，以期中国人民民主革命迅速成功，独立、自由、和平、幸福的新中国之早日实现"②。

在1949年3月召开的中共七届二中全会上，毛泽东告诫全党，夺取全国胜利，这只是万里长征走完了第一步，中国革命是伟大的，但革命以后的路更长，工作更伟大，更艰苦。据此，他要求，"务必使同志们继续地保持谦虚、谨慎、不骄、不躁的作风，务必使同志们继

---

① 《毛泽东文集》第5卷，人民出版社1996年版，第135—136页。

② 转引自沙健孙主编《中国近现代史纲要》，高等教育出版社2007年版，第190页。

续地保持艰苦奋斗的作风"。在离开西柏坡时，他希望中国共产党不要学习明朝农民起义领袖李自成，进了北京就变了。他说，我们共产党人进北平，是要继续革命，建设社会主义，直到实现共产主义。他把进北平比作"进京赶考"，说"我们决不当李自成，我们都希望考个好成绩。"

1949 年 6 月 30 日，毛泽东发表了《论人民民主专政》一文，创立了关于人民民主专政的科学理论，阐明了新中国的政权性质。"就是这样，西方资产阶级的文明，资产阶级的民主主义，资产阶级共和国的方案，在中国人民的心目中，一齐破了产。资产阶级的民主主义让位给工人阶级领导的人民民主主义，资产阶级共和国让位给人民共和国。"① 毛泽东强调，人民民主政权是以工农联盟为基础的，"必须坚定地信任群众的多数，首先是工农基本群众的多数，这是我们的出发点"②。

1949 年 9 月召开的中国人民政治协商会议通过了全国人民的大宪章——《中国人民政治协商会议共同纲领》。《共同纲领》规定："中华人民共和国为新民主主义即人民民主主义的国家，实行工人阶级领导的、以工农联盟为基础的、团结各民主阶级和国内各民族的人民民主专政。""中华人民共和国政权属于人民。人民行使国家政权的机关为各级人民代表大会和各级人民政府。""各级政权机关一律实行民主集中制。"

在新民主主义革命时期，以毛泽东为代表的中国共产党人正是充分地尊重人民的各项民主权利，才获得了人民的支持，最终赢得了政权。毛泽东曾经指出："在今日，谁能领导人民驱逐日本帝国主义，并实施民主政治，谁就是人民的救星。"③ 一个美国记者对以毛泽东为代表的中共领导人重视保障人民的民主政治权力称赞道："不管共产党人距离完善的民主还有多么遥远，不管他们那些糊涂的朋友为他们

---

① 《毛泽东选集》第 4 卷，人民出版社 1991 年版，第 1471 页。
② 《建国以来毛泽东文稿》第 6 册，中央文献出版社 1991 年版，第 544 页。
③ 《毛泽东选集》第 2 卷，人民出版社 1991 年版，第 674 页。

捧场的话有多么夸张，但是共产党毕竟唤醒了千百万中国农民，使他们认识到自己有权选举官员，从而向民主迈进了巨大的一步。……不管对于解放区的农村社会流传着什么样的谣言，据我所观察到的，那里政府的贤明，是国民党区的政府根本无法比拟的。"①

（三）新中国建立后对人民民主的探索

新中国的成立，开辟了中国历史上崭新的人民民主的时代。新中国实践的人民民主就是社会主义民主。列宁曾指出："生气勃勃的创造性的社会主义是由人民群众自己创立的。"毛泽东指出，"我们的这个社会主义的民主是任何资产阶级国家所不可能有的最广大的民主。"② 1950 年，毛泽东访苏期间，曾经对南斯拉夫领导人卡德尔说过，人民应当有对社会上发生的一切事情作出反应的直接可能性。③ 1960 年，他在一个指示中明确指出：我们的政治是群众的政治、民主的政治，要靠大家来治，而不是少数人来治。④ 为了探索人民当家做主，毛泽东进行了多方面的探索性的实践，一方面创造条件让人们参与国家、社会、经济事务等各方面的管理，包括通过群众运动来实现人民对国家和社会事务的管理和监督；另一方面又从巩固人民民主政权、防止资本主义复辟的高度对人民民主问题进行了深层次的战略性的思考。

对于在中国这样一个有着几千年君主专制传统的国家实现人民当家做主的困难，毛泽东在民主革命时期就多次论述。他说："由于我

①　[美] 杰克·贝尔登：《中国震撼世界》，北京出版社 1980 年版，第 107—108 页。

②　《毛泽东文集》第 7 卷，人民出版社 1999 年版，第 207 页。

③　卡德尔：《苏南会议·莫斯科宣言·会见毛泽东》，《世界历史研究动态》1980 年第 12 期。

④　参见李现成等《毛泽东的大行政观》，中国商业出版社 1994 年版，第 152 页。

们的国家是一个小生产的家长制占优势的国家，又在全国范围内至今还没有民主生活，这种情况反映到我们党内，就产生了民主生活不足的现象。这种现象，妨碍着全党积极性的充分发挥。同时，也就影响到统一战线中、民众运动中民主生活的不足。"① 新中国成立后，毛泽东对实现人民民主的不利因素继续有充分的估计。他说："过去在革命的时候，我们和人民一起，向封建势力要民主。现在我们胜利了，自己掌握这种政权，很容易强调专政，忽视民主的一面。"② "当革命胜利之后，在工人阶级和共产党已经成为领导全国政权的时候，我们党和国家的领导工作人员，由于受到官僚主义的多方面的袭击，就面临有可能利用国家机关独断专行、脱离群众、实行命令主义、破坏党和国家的民主制度这样一个很大的危险性。""我们要是不愿意陷到这样的泥坑里去的话，也就更要充分地注意执行这样一种群众路线的领导方法。""我们需要建立一定的制度来保证群众路线和集体领导的贯彻实施。"③

毛泽东在探索人民当家做主道路时，注意借鉴社会主义国家的民主实践和资产阶级民主的经验。人民民主是人类历史上的一次伟大实践，必须充分借鉴人类民主实践经验。毛泽东认为，研究民主问题，必须要有世界眼光，必须注意研究外国的经验。1954 年制定新中国第一部宪法时，他就指出："我们是以自己的经验为主，也参考了苏联和各人民民主国家宪法中好的东西。"④

毛泽东认为人民当家做主的最主要表现就是劳动者管理国家事务的权利。1959 年年末他在读苏联《政治经济学教科书》时明确指出，劳动者管理国家和军队、管理各种企业、管理文化教育的权利，"实际上，这是社会主义制度下劳动者最大的权利，最根本的权利"。没有管理国家事务的权利，"劳动者的工作权、休息权、受教育权等等

---

① 《毛泽东选集》第 2 卷，人民出版社 1991 年版，第 529 页。

② 《党的文献》2002 年第 5 期。

③ 《建国以来毛泽东文稿》第 6 册，中央文献出版社 1991 年版，第 544 页。

④ 《毛泽东文集》第 6 卷，人民出版社 1999 年版，第 326 页。

权利，就没有保证"。① 为了落实人民这种权利，毛泽东从以下几个方面进行了探索。

领导和吸引人民群众参与国家政治生活。1954 年，毛泽东在领导制定新中国第一部宪法时就指出："用宪法这样一个根本大法的形式，把人民民主和社会主义原则固定下来，使全国人民有一条清楚的轨道，使全国人民感到有一条清楚的明确的和正确的道路可走，就可以提高全国人民的积极性。"②

让人民参与经济事务的管理，实现经济领域中的民主管理。毛泽东提出："所有制问题基本解决以后，最重要的问题是管理问题，即全民所有的企业如何管理的问题，集体所有的企业如何管理的问题，这都是人与人的关系问题。""可是在一定时期内，即所有制性质相对稳定的时期内，在劳动生产中人与人的关系，却不能不是不断变革的。"这方面"有很多文章可做"③。在国营企业管理方面，毛泽东提出了"鞍钢宪法"，即中国鞍山钢铁厂实行的"两参一改相结合"方法："两参"指干部参加生产劳动、工人参加企业管理；"一改"指改革企业中不合理的规章制度；"三结合"指的是在技术革新革命运动中实行企业领导干部、技术人员和工人三结合。毛泽东还主张在国营企业中实行党委领导下的厂长负责制和职工代表大会制，职工代表大会制是"吸收广大群众参加企业管理和监督行政"的制度。这些制度"也就是民主集中制在工业企业中的具体运用"④。在农村，毛泽东提出了在农业生产方面的"民主管理问题"⑤。为了贯彻毛泽东提出的民主办社的原则，中共中央明确要求"合作社的生产计划、劳动计划、财务计划、分配方案，都必须按照社章经过民主讨论民主决定。社员大会、代表大会必须按期召开，合作社的管理委员会和监察委员会必须定期选举。社务必须定期向社员报告，必须发动社员经常监督社的

---

① 《毛泽东文集》第 8 卷，人民出版社 1999 年版，第 129 页。

② 《毛泽东文集》第 6 卷，人民出版社 1999 年版，第 328 页。

③ 《毛泽东文集》第 8 卷，人民出版社 1999 年版，第 134—135 页。

④ 《建国以来毛泽东文稿》第 13 册，中央文献出版社 1996 年版，第 626 页。

⑤ 《毛泽东文集》第 7 卷，人民出版社 1999 年版，第 55 页。

领导，不断改善合作社干部和社员的联系"。① 1957 年 3 月 15 日，经
毛泽东同意，中共中央专门发出《关于民主办社几个事项的通知》。
《通知》认为坚持民主办社的方针是很重要的，提出三条举措：第一，
农业合作社要按时公开财政收支。"所有这一切财政收支，都同全体
社员的切身利益密切相关，因此，都必须按时公开（有的随时公布，
有的定期公布），让全体社员知道，由群众参与评议，而不能由少数
干部独揽支配的大权，以便避免各种营私舞弊的行为，保证社干部的
廉洁，消除社员对于财政问题的疑虑。"第二，社和队决定问题要同
群众商量。第三，干部要参加生产。《通知》认为实现上述三项措施，
将会大大地改善农业社干部同群众的关系，加强干部同群众的团结，
促进农业生产的高潮。《通知》还希望各级党委根据合作社的具体情
况，加以适当处理，"并使这些措施长期坚持下去，成为习惯"②。

　　管理文化教育事业。毛泽东认为，"社会主义民主的问题，首先
就是劳动者有没有权利来克服多种敌对势力和他们的影响的问题。像
报纸刊物、广播、电影这类东西，掌握在谁手里，由谁来发议论，都
是属于权利的问题。"这些事业"掌握在马克思列宁主义者手里，绝
大多数人民的权利就有保证了；掌握在右倾机会主义分子或者右派分
子手里，它们就可能变质，人民的权利就不能保证"③。

　　保证人民对党和政府的监督。人民的监督权是人民当家做主的重
要表现。毛泽东指出："依靠群众的推动和监督，这是推动政府工作
的最有效的办法。"④ "大家知道，主要监督共产党的是劳动人民和党
员群众"，同时还有民主党派。"因为一个党同一个人一样，耳边很需
要听到不同的声音"，所以"有了民主党派，对我们更为有益"⑤。
1950 年 4 月 19 日，中共中央专门作出《关于在报纸刊物上展开批评

---

　　①　《建国以来重要文献选编》第 9 册，中央文献出版社 1994 年版，第 25 页。
　　②　《建国以来重要文献选编》第 10 册，中央文献出版社 1994 年版，第 128—
130 页。
　　③　毛泽东读苏联《政治经济学教科书》的谈话（1959.12—1960.2）。
　　④　《晋察冀抗日根据地》第 1 册，中共党史资料出版社 1989 年版，第 214 页。
　　⑤　《毛泽东文集》第 7 卷，人民出版社 1999 年版，第 235 页。

和自我批评的决定》，允许在报纸刊物上公开对党和政府机关不良现象进行批评和自我批评。《决定》规定：凡在报纸上公布的批评，都由报纸刊物的记者和编辑负独立的责任。改变过去把批评党和政府的组织与人员的稿件送给被批评的组织和人员阅看，在征得他们的同意后，才加以发表的做法。批评在报纸刊物上发表后，如完全属实，被批评者应即在同一报纸刊物上声明接受并公布改正错误的结果。如有部分失实，被批评者立即在同一报纸刊物上作出实事求是的更正，而接受批评的正确部分。如被批评者拒绝表示态度，并对批评者加以打击，即应有党的纪律检查委员会予以处理。1956年党的八大明确指出，"从国家制度和党的制度上作出适当的规定，以便对于党的组织和党员实行严格的监督"①。

毛泽东本人就常常接受群众的监督。1955年4月，毛泽东请堂弟毛泽嵘等人吃饭，顺便向他们了解农村的情况。当听毛泽嵘说家乡的农民因为统购统销吃不饱饭时，他受到强烈的震动。他呆呆地坐着，半天没有说一句话。最后他满怀内疚之情说："你们受苦了！可我了解的情况没有这么严重。我没有十足的官僚，也有五成呢！"②

1957年毛泽东发动整风运动，其初衷也是发动人民群众监督执政党。

发动群众运动。新中国成立后，毛泽东认为群众运动是人民参与国家管理的一种有效形式。所以他在各方面多次发动群众运动。

马克思列宁主义指出，在社会主义下，社会生产力能够得到伟大的解放，人民的积极性、创造性能够得到伟大的解放。列宁认为，社会主义社会的生活是一个历史上从未有过的大多数居民甚至全体居民都参加的真正群众性的运动。

1957年4月30日，毛泽东在最高国务会议第十二次（扩大）会议讲话中指出："凡是涉及到许多人的事情，不搞运动，搞不起来。

---

①　《建国以来重要文献选编》第9册，中央文献出版社1996年版，第121页。

②　李琦编著：《毛泽东与联系群众》，中央文献出版社2004年版，第195页。

需要造成一种空气，没有一种空气是不行的。"①

在 1957 年整风运动中，毛泽东明确地提出："中国是一个严肃地进行整风、反右的国家，是大鸣、大放、大辩论、大字报的国家。"在他看来，"四大"是实现人民民主的有效途径。

1958 年 1 月 20 日，毛泽东在南宁会议上听取汇报时插话认为，打仗可以发动群众，社会主义建设，群众可以发动得更充分，"搞工业、农业，比打仗还厉害些，我就不相信"②。

1958 年 3 月，毛泽东在《成都会议上的讲话提纲》中指出："大字报表现了群众的首创精神，批评的尖锐性，庸俗空气一扫而空。"③

1958 年 9 月，毛泽东巡视大江南北后对新华社记者说："此次旅行，看到了人民群众很大的干劲，在这个基础上各项任务都是可以完成的。""到现在，我们还有一些同志不愿意在工业方面搞大规模的群众运动，他们把在工业战线上搞群众运动，说成是'不正规'，贬之为'农村作风'、'游击习气'。这显然是不对的。"④ "我们的国家是又穷又白，我们的建设要又多又快，又好又省，这是一个矛盾。解决这个矛盾的唯一方法，就是依靠群众。"⑤ 显然，在毛泽东看来，中国要发展，缺少资金，而有丰富的人力资源。群众运动就是发动和组织群众建设社会主义的有效形式和手段，也是替代资金短缺的途径。

1958 年 9 月，《人民日报》发表社论《关键在于大搞群众运动》。社论指出："依靠群众，发动群众，大搞特搞群众运动，是我们一切建设事业高度发展的基础"，"没有群众运动，就没有高速度"。

1959 年毛泽东在视察马鞍山钢铁厂时说："发展钢铁工厂一定要

① 《毛泽东传（1949—1976）》上，中央文献出版社 2003 年版，第 673 页。

② 转引自顾龙生编著《毛泽东经济年谱》，中共中央党校出版社 1993 年版，第 408 页。

③ 《建国以来毛泽东文稿》第 7 册，中央文献出版社 1992 年版，第 112—120 页。

④ 同上书，第 430 页。

⑤ 《把总路线的红旗插遍全国》，《人民日报》1958 年 5 月 29 日社论。

搞好群众运动，什么工作都要搞群众运动，没有群众运动是不行的。"①

1959 年 3 月 1 日，陈云在《当前基本建设工作中的几个重大问题》中指出：集中领导和大搞群众运动相结合的方针，是基本建设工作取得胜利的保证。管理基本建设工作的同志一定要牢牢记住：只有在基本建设部门的一切环节、一切工作中，加强集中领导，大搞群众运动，我们才能胜利完成今后基本建设方面愈来愈伟大的光荣任务。②

1959 年 4 月 21 日，李富春在第二届全国人民代表大会第一次会议上的报告中指出："群众运动和集中领导相结合，是党和国家一贯的方针。"③

为了宣传群众运动在社会主义建设中的巨大作用，1959 年 8 月 30 日《人民日报》发表了题为《马克思主义者应当如何对待革命的群众运动》的文章。文章指出：

"对待群众运动的态度问题，从来是马克思主义者和反马克思主义者争论的根本问题之一。在社会主义建设中。这同样是一个根本问题。

事实证明，把最广大的人民群众动员到社会主义建设战线上来，就能够造成我国国民经济突飞猛进的局面。

这样的群众运动的出现，绝不是一时的现象。迅速地改变我国贫穷和落后的面貌，是我国六亿五千万人民的强烈愿望。他们既已在社会主义制度下得到了解放，他们的这种愿望就必然表现为行动，成为不可抗拒的高屋建瓴之势。在正确的领导下，这种群众运动一定能够成为推动我国经济跃进发展的最积极的、经常的因素。我们的群众运动是在党的集中领导下进行的。党的领导是把政治工作和经济工作结合起来，把对群众的政治教育和物质鼓励结合起来，而以政治为灵魂、为统帅。因此，在党的领导下，就能够形成和经常地保持社会主义建

---

① 《安徽日报》1958 年 9 月 29 日。

② 《建国以来重要文献选编》第 12 册，中央文献出版社 1996 年版，第 122 页。

③ 同上书，第 260 页。

设的广大群众性的运动，最大限度地发挥人民群众在建设事业中的积极性，使广大人民群众经常地鼓足干劲、力争上游，并且依靠工人、农民和工程技术人员开展技术革命和文化革命，来不断地增加现代化工具和发展现代技术在生产中的应用。只要我们这样做，我国国民经济跃进的局面就能够持久地保持下去。这是毫无疑问的。

社会主义制度不是一成不变的凝固的东西。有领导地改变旧秩序，建立新秩序，就是充分发挥和发展社会主义制度的优越性。而要这样做，就要依靠人民群众，同一切束缚生产力发展的传统的习惯势力作斗争，不断地调整生产关系和上层建筑，使之适合社会生产力发展的需要。只要我们这样做，就能够推动技术革新和技术革命的迅速发展，就能够推动我国社会生产力的迅速发展，就能够保持国民经济的持续的跃进。"①

1964 年 7 月 14 日，《人民日报》发表《关于赫鲁晓夫的假共产主义及其在世界历史上的教训》，引用毛泽东的话说："社会主义革命和社会主义建设，必须坚持群众路线，放手发动群众，大搞群众运动。"

1964 年 12 月 21 日、22 日，周恩来在《政府工作报告》中指出："社会主义事业是千百万人民群众的事业，社会主义革命和社会主义建设的一切任务，必须依靠群众，发动群众来实现。善于集中群众的智慧，从群众中来，到群众中去，集中起来，坚持下去，这是中国共产党领导革命和建设一条根本路线，也就是我们通常所说的群众路线。

我们党在革命斗争中领导群众运动的经验是非常丰富的。十五年来，特别是最近六七年来，在经济建设中开展群众运动，也取得了成功的经验。这就是：把党和政府提出的任务交给群众讨论，发动群众动脑筋想办法，进行创造性的劳动；在生产建设中实行领导干部、专家、群众三结合；开展比、学、赶、帮的社会主义竞赛。在群众运动

① 《建国以来重要文献选编》第 12 册，中央文献出版社 1996 年版，第 560—562 页。

中，既要提倡敢想敢说敢做的革命精神，又要提倡实事求是的科学态度。对于群众的各种创造，必须经过试验，典型示范，逐步推广。既要发动群众鼓足干劲，又要爱惜群众的精力，关心群众生活，注意劳逸结合，使群众的干劲保持持久不懈，做到轰轰烈烈同扎扎实实相结合。"①

如何对待群众运动中的群众热情，毛泽东的态度是爱护群众的热情，让群众在运动中接受教育。1958年9月，毛泽东与李达围绕群众的革命热情进行了争论。李达不同意"只有想不到的事，没有办不到的事"之类提法，认为这样的提法不科学，甚至反科学。毛泽东认为对于群众的革命热情一要爱护，要保护，不愿意有人否定群众敢想、敢说、敢干的革命热情和积极性。他说："'只有想不到的事，没有办不到的事'只是一句口号，这个口号同世间一切事物一样，也有两重性。一重是讲发挥人的主观能动性，这是有道理的；另一重，如果说想到的事就能做到，甚至马上就能做到，那就不科学了。"② 李达认为，这个口号在现阶段不能说有两重性，说两重性，在现阶段就等于肯定了这个口号。毛泽东听了就有些激动起来，反问李达："肯定怎么样？否定又怎么样？"李达也激动起来，争辩说："肯定就是认为人的主观能动性是万能的，无限大！但是人的主观能动性的发挥离不开一定的条件。现在，人的胆子太大了，不是胆子太小。你不要火上浇油，否则可能会是一场灾难！"③ 这个时候在座的当地领导人示意李达不要再讲了，被毛泽东觉察到了，说："你们让他讲，不划右派。"李达一听，火气更大了，说："你不用拿大帽子吓唬我！你脑子发热，达到39度高烧，接下来就会发烧到40度、41度、42度！"毛泽东听后很生气，说："你烧死我好了！"李达说："不是我要烧你！这样下去，中国人民就会遭受大灾大难！你承认不承认？"④ 毛泽东继续耐心地阐明自己的观点，举长征例子，说明精神力量的作用。但

---

① 《建国以来重要文献选编》第14册，中央文献出版社1997年版，第212页。
② 李琦编著：《毛泽东与联系群众》，中央文献出版社2004年版，第220页。
③ 同上书，第220—221页。
④ 同上书，第221页。

李达仍然坚持自己的观点，说："一个人要拼命，'以一当十'可以，最后总有个极限，终有寡不敌众的时候吧！'一夫当关，万夫莫开'也得有地理环境做条件，人的主观能动性不会是无限大的！"毛泽东尽力控制自己的情绪，缓和地说："还是我在成都会议上讲过的那句话，头脑要热又要冷。"李达却说："现在你头脑太热！你应该冷下来！"①

晚上毛泽东在同身边工作人员散步时说："孔子说过，六十而耳顺。我今年65岁了，但不够耳顺，听了鹤鸣兄的话很逆耳。以后要再同他多谈谈。鹤鸣兄是理论界的泰斗，我不同他生真气。"②毛泽东相信有了人就有了一切，他始终坚信群众的力量是无穷的，可以改变世间的一切。

毛泽东把群众运动作为群众参与社会主义建设、实现人民当家做主的重要形式，对于群众运动的负面效应他考虑不多。如何将群众运动纳入制度的框架，是毛泽东很少考虑的。群众运动如果用之于经济建设，是会出现违背经济规律的；如果用之于政治领域，处理不好会造成无政府主义。群众运动需要正确地引导和领导，在群众运动走向高潮的时候，领导者的头脑要冷静，要引导群众运动走到正确的方向。在群众运动中随大流，做群众运动的尾巴，是不负责任的表现，最终可能伤害到群众的利益。

（四）实现人民民主权利，反对官僚主义，反对党内特权

毛泽东一方面探索多种渠道实现人民民主的权利，另一方面，为了实现人民当家做主，毛泽东又积极探索如何防止从事管理工作的少数人由社会公仆蜕变为社会主人的问题，即他晚年念念不忘的防止党变修、国变色的资本主义复辟问题。

---

① 李琦编著：《毛泽东与联系群众》，中央文献出版社2004年版，第221页。
② 同上。

马克思主义经典作家早就提出了无产阶级专政下政权的蜕变问题。马克思、恩格斯在总结第一个无产阶级专政的政权即巴黎公社的历史经验时，就提出"防止国家和国家机关由社会公仆变为社会主人"这个问题①。列宁晚年一直在苦苦思索这个问题。毛泽东早在民主革命时期就提出如何跳出历史周期率问题，他让全党学习郭沫若的《甲申三百年祭》，新中国成立后多次开展整风都有这个考虑。他发动"文化大革命"的初衷也是为了解决这个问题。早在 1949 年 3 月召开的中共七届二中全会上他就发出警告：如果国家（主要的就是人民解放军）和我们的党腐化下去，无产阶级不能掌握这个国家政权，那还是有问题的。② 为此，毛泽东进行了艰苦的探索。

全党必须坚持共产主义远大理想，摆正与人民群众的关系，正确地和谨慎地使用人民赋予的权力。在毛泽东看来，坚定共产主义远大理想，全党才能保持崇高的境界，超越权力的腐蚀，超越个人的欲望，始终做到"两个务必"，即"务必使同志们继续地保持谦虚、谨慎、不骄、不躁的作风，务必使同志们继续地保持艰苦奋斗的作风"，正确地看待自己手中的权力，把权力作为为人民服务的工具而不是谋私利的工具。1956 年党的八大指出："同资产阶级政党相反，工人阶级的政党不是把人民群众当作自己的工具，而是自觉地认定自己是人民群众在特定的历史时期为完成特定的历史任务的工具。""确认这个关于党的观念，就是确认党没有超乎人民群众之上的权力，就是确认党没有向人民群众实行包办、强迫命令的权力，就是确认没有在人民群众头上称王称霸的权力。"③ 毛泽东进一步明确地指出："什么'天赋人权'？还不是'人赋人权'。我们这些人的权是天赋的吗？我们的权是老百姓赋予的，首先是工人阶级和贫下中农赋予的。"④ "我们的权力是谁给的？是工人阶级给的，是贫下中农给的，是占人口百分之九十以上的广大劳动群众给的。""我们代表了无产阶级，代表了人民群

① 《马克思恩格斯选集》第 3 卷，人民出版社 1995 年版，第 12 页。

② 《毛泽东文集》第 5 卷，人民出版社 1999 年版，第 262 页。

③ 《建国以来重要文献选编》第 9 册，中央文献出版社 1994 年版，第 581 页。

④ 毛泽东：《在杭州的讲话》1965 年 12 月 21 日。

众，打倒了人民的敌人，人民就拥护我们。共产党基本的一条，就是直接依靠广大革命人民群众。"① 在毛泽东看来，既然权力是人民给的，因此党和国家领导工作人员就应该只是人民的勤务员、社会的公仆，就应该把自己的"位置要摆得对"，即使是"高级干部，中央委员"，也必须"以一个普通劳动者的姿态出现"在人们之前②，而不能是高踞于群众之上的官老爷、统治者、社会的主人。

第二，保持和群众的密切联系。新中国成立后党与群众关系发生了变化。农工民主党一位领导人曾形象地谈到了这种情况："党在过去领导群众进行革命的时候是站在群众中间；解放后，党的地位发生了变化，不是站在群众中间，而是站在群众背后统治群众……（领导的）职务不同不是身份不同。一些人强烈地意识到自己是当官的，就是在吃饭和看戏时他们也要有专门的位置。"③ 在延安的时候，毛泽东享有比较充分的个人自由，和人民群众毫无隔阂。进城后，由于纪律限制，毛泽东不容易见到群众。他没有办法，不禁长叹一声："唉，这个规定没有错，但把我和群众隔开不行啊！我见不到群众就憋得发慌。我是共产党的主席，见不到他们还算什么主席，算什么领袖。我们共产党人，我们各级领导是鱼，人民群众是水。离开水，鱼就要渴死！不知你们是否理解我的心情，唉！"④ 1955 年 12 月，毛新梅烈士的儿子、湘潭县县长毛特夫在中央政法干部学校学习结业后去看毛泽东。毛泽东教育他说："德武（毛特夫的号）呀，你是烈士的儿子，你要继承父亲的意志，和群众打成一片，把工作做好。把湘潭县建设好啊。过去我和你父亲闹农运，干革命，靠的是谁？还不是我们的农民兄弟。如今，我们的革命胜利了，我们可不能忘了他们呀！今后在工作中要时时处处把乡亲们的事放在心上。只有这样，你才能当好这

① 《建国以来毛泽东文稿》第 12 册，中央文献出版社 1996 年版，第 626 页。

② 《建国以来毛泽东文稿》第 7 册，中央文献出版社 1992 年版，第 198 页。

③ 转引自［美］莫里斯·迈斯纳《毛泽东的中国及后毛泽东的中国——人民共和国史》，四川人民出版社 1990 年版，第 242—243 页。

④ 李琦编著：《毛泽东与联系群众》，中央文献出版社 2004 年版，第 128 页。

'父母官'。"①

毛泽东 1959 年 3 月 30 日在《关于人民公社化运动中的旧账一般要算等问题的批注》中所指出的："群众一到，魔鬼全消。本来没有鬼，只在一些同志的大脑皮层里感觉有鬼，这个鬼的名字叫做'怕群众'。"正因为"怕群众"，所以就处处、时时显示出与群众"不一般"，实则外强中干，内心空虚得很。

1949 年 3 月，毛泽东随中央机关到了北平西北郊的颐和园。因为颐和园里的人被清理出去，所以无法找到合适的当地人，也找不到饭。毛泽东批评中央社会部的李克农，说："你把水全都排干了，你要保护的那个鱼还讲什么安全？""鱼离开了水，你安安全全地干死在那里，饿死在那里吧！"②后来李克农安排的社会部的同志给毛泽东等人送来大米饭和三菜一汤。毛泽东问送饭来的人，饭菜从哪里搞来的，送饭的人说是到院子外边的饭馆买来的。毛泽东说："我说嘛！我说我们离不开群众嘛！回去告诉你们的部长，办什么事情都要首先想到广大的人民群众！"③

1950 年初春，毛泽东到郊区视察，挖回来许多野菜，让厨师做了给孩子们吃。孩子们大喊好苦。毛泽东教育孩子们说："解放前农民在三座大山压榨下，有的为了活命就是靠苦菜维持生命的。现在我们条件好了，常吃点苦菜、苦瓜有好处。它可以使我们不忘记过去，不忘记人民群众，还可以起调胃口的作用。"④

1953 年，毛泽东视察湖北黄石钢铁厂时，保健医生为了让他少吸进点有害的灰尘，把一个事先准备好的口罩递给毛泽东。毛泽东用严厉的目光向保健医生扫了一眼，右手手心向下、坚决而有力地摆动了一下，毛泽东的意思是宁肯吸进那些有害的粉尘和气体，也决不会让洁白的口罩把他和工人群众隔离开来。

1960 年 12 月 26 日，为了了解全国困难情况，毛泽东请身边人员

---

① 李琦编著：《毛泽东与联系群众》，中央文献出版社 2004 年版，第 193 页。

② 同上书，第 115 页。

③ 同上书，第 116 页。

④ 同上书，第 133 页。

吃饭，吃饭时毛泽东严肃地对他们说："现在全国人民遇到了困难，人民生活很困难，我很不放心。除了汪东兴同志外，你们六人都下去，和群众打成一片，实现同吃、同住、同劳动，了解真实情况。农村人民的生产、生活有什么困难和问题，群众有什么意见，都如实地反映上来。"①

毛泽东认为，"国家机关的改革，最根本的一条，就是联系群众"②。他提出，干部参加集体生产劳动是保持同群众密切联系的重要途径之一。这"对于社会主义制度来说，是带根本性的一件大事"③。"大民主也可以用来对付官僚主义者……有些人如果活得不耐烦了，搞官僚主义，见了群众一句好话没有，就是骂人，群众有问题不去解决，那就一定要被打倒。"④ "我们一定要警惕，不要滋长官僚主义作风，不要形成一个脱离人民的贵族阶层。谁犯了官僚主义作风，不去解决群众的问题，骂群众，压群众，总是不改，群众就有理由把他革掉。我说革掉很好，应当革掉。"⑤ 1963 年 5 月，他看到浙江省 7 个关于干部参加劳动的材料之后，立即批发全国，要求各地、各部门推广这种做法。毛泽东指出："阶级斗争、生产斗争和科学实验，是建设社会主义强大国家的三项伟大革命运动，是使共产党人免除官僚主义、避免修正主义和教条主义，永远立于不败之地的确实保证，是使无产阶级能够和广大劳动群众联合起来，实行民主专政的可靠保证。"⑥ 在谈到山西昔阳县干部参加劳动的问题时，毛泽东说：干部参加劳动问题，请大家注意一下。昔阳的材料很好，你们看了没有？那个县的干部每年参加劳动，至少六十天。那是一个在山上的县，很穷。越穷就越要搞社会主义。富了就不搞了吗？干部一参加劳动，许多问题就得

---

① 李静主编：《实话实说丰泽园》，中国青年出版社 2010 年版，第 375 页。

② 转引自《革命委员会好》，《人民日报》1968 年 3 月 30 日。

③ 《建国以来重要文献选编》第 16 册，中央文献出版社 1994 年版，第 198 页。

④ 毛泽东：《在中国共产党第八届中央委员会第二次全体会议上的讲话》，1956 年 11 月 15 日。

⑤ 同上。

⑥ 《建国以来重要文献选编》第 16 册，中央文献出版社 1994 年版，第 292 页。

到了解决。修正主义的根子就在这里。① 1976 年 1 月，毛泽东处于病危之际还说：民主革命成功后，一部分党员不想前进了，有些人后退了，反对革命了。为什么呢？做了大官了，要保护大官们的利益。他们有了好房子，有汽车，薪水高，还有服务员。小官、学生、工、农、兵，不喜欢大人物压他们，所以他们要革命呢。

第三，始终不渝地反对党内特权，防止党内和干部队伍内形成特权阶层、贵族阶层。

在共产党内，任何人都不得有任何特权。特权思想对于共产党员来说，"是不可思议的，是一种侮辱"②。

1956 年 11 月中旬，党的八届二中全会根据波匈事件暴露出来的执政党建设的问题，提出了防止各级领导人特殊化，防止产生"特权阶层"的重要思想和主张。毛泽东在全会闭幕时的讲话中号召全体国家工作人员发扬艰苦朴素的作风，与群众同甘共苦，反对铺张浪费现象，用整风的方法，同主观主义、官僚主义和宗派主义作斗争。他说："我赞成在和平时期逐步缩小军队干部跟军队以外的干部的薪水差额，但不是完全平均主义。我是历来主张军队要艰苦奋斗的。1949 年在这个地方开会的时候，我们有一位将军主张军队要增加薪水，有许多同志赞成，我就反对。他举的例子是资本家吃饭五个碗，解放军吃饭是盐水加一点酸菜，他说这不行。我说这恰恰是好事。你是五个碗，我们吃酸菜。这个酸菜里面就出政治，就出模范。解放军得人心就是这个酸菜，当然，还有别的。现在部队的伙食改善了，已经比专吃酸菜有所不同了。但根本的是我们要提倡艰苦奋斗，艰苦奋斗是我们的政治本色。""一个苹果不吃，饿死人没有呢？没有饿死，还有小米加酸菜。在必要的时候，在座的同志们要住棚子。过草地的时候，没有棚子都可以住，现在有棚子为什么不可以住？……要勤俭建国，反对铺张浪费，提倡艰苦朴素、同甘共苦。同志们提出，厂长、校长可以住

---

① 逄先知、金冲及主编：《毛泽东传（1949—1976）》，中央文献出版社 2003 年版，第 1310—1311 页。

② 《论共产党员的修养》1939 年 7 月，《刘少奇选集》上卷，人民出版社 1981 年版，第 145 页。

棚子，我看这个办法好，特别是在困难的时候。我们长征路上过草地，根本没有房子，就那么睡，朱总司令走了四十天草地，也是那么睡，都过来了。我们的部队，没有粮食，就吃树皮、树叶。同人民有福共享，有祸同当，这是我们过去干过的。为什么现在不干呢？只有我们这样干了，就不会脱离群众……"①

1957 年，毛泽东在一次讲话中指出："少奇同志讲了，我们可以成为一个贵族阶层的，人数几百万，主要的就是那么几十万到百把万，我看无非是十八级以上的（周恩来同志插话：县委以上），县委以上有几十万，命运就掌握在县委以上的手里头，如果我们不搞好，也不是像今天好多同志所讲的艰苦奋斗"，"我们一定会被革掉"②。

1958 年 9 月 19 日晚，毛泽东在安徽芜湖铁山宾馆休息，服务员请他到精心布置的小餐厅吃饭，毛泽东问："那其他同志们在哪里吃？"服务员说在大厅里。毛泽东立刻说："那我也到大餐厅里吃！"③ 说完就朝大餐厅走去。来到大餐厅，毛泽东像一个普通旅客一样，很随便地找了张桌子，就坐了下来，还招呼有点不知所措的人们："开饭了！来来来，坐坐坐！"他还不管别人的反应，自己拿着碗到饭桶去盛饭。

1959 年 6 月 26 日下午，毛泽东在韶山同两三千名群众握手。回到住处，他一边甩手，一边感叹说："今天怕是我握手握得最多的一次了。我的手都握累了。"秘书劝他戴上手套，涂上药水，或干脆不握手了，由他们去跟群众打声招呼。毛泽东听了很生气，严肃地制止秘书的做法。他担心有人背地里去和群众打招呼，神色认真地说："要握就握到底。人家跟我握手，是看得起我，尊重我。他们那样平等地对待我，伸出手来，我好意思不握？他们对我有什么说什么，不遮掩，不隐瞒，我到哪里去找这样了解群众的机会？现在好多人就遮遮掩掩，

---

① 毛泽东：《在中国共产党八届中央委员会第二次全体会议上的讲话》，《人民日报》1972 年 8 月 1 日社论摘要公布了这段话。

② 薄一波：《若干重大决策与事件的回顾》下册，中共中央党校出版社 1993 年版，第 605 页。

③ 李琦编著：《毛泽东与联系群众》，中央文献出版社 2004 年版，第 218 页。

不讲真话——多好的乡亲啊！"①

20世纪60年代初，毛泽东明确地指出："在苏联的干部队伍中是有这么一个特殊的阶层的。""他们有权、有势、有钱，特殊于广大人民群众和一般干部。"② 1960年11月，中共中央在关于高级干部和高级知识分子特许供应报告中指出："干部生活特殊、脱离群众，从眼前来看，会损害党群关系，妨碍我们带领群众来战胜困难，渡过灾荒；从长远影响上看，则势必对干部的思想发生腐蚀作用，发展下去就有出现'特殊化'的危险。修正主义思想正是从这里找到自己滋生、蔓延的土壤的。'殷鉴不远'，我们对此必须保持警惕，防患于未然。"③

1964年1月，毛泽东指出，苏联在革命胜利后的"十七年中逐步发展起来的工人贵族和农民贵族，即城乡那种资产阶级，压迫、剥削占人口大多数的工人、农民。他们以工人、农民的代表者出来说话，欺骗工农"。他认为，这类问题中国也存在，好在"我们正在开始认识，并着手解决了"。④

毛泽东认为干部如果高官厚禄、养尊处优，就会割断同人民群众的联系，因此他不赞成给少数干部以过高的薪金和特殊的待遇，主张"保健局应当取消"。他认为原来主要给高级干部看病的"北京医院医生多，病人少，是一个老爷医院，应当开放"⑤。对于职务称号，他历来十分反感，多次提出"将职务称号（如毛主席）一律改用姓名加同志的称号（如毛泽东同志）"。他说，"此事沿用了几十年了，不像样子。引起了一些官僚主义作风。""我建议坚决地改过来。"⑥ 为了使干部与群众打成一片，他提出必须肃清一切工作上、作风上、制度上的

---

① 李琦编著：《毛泽东与联系群众》，中央文献出版社2004年版，第229页。

② 吴冷西：《十年论战》上，中央文献出版社1999年版，第463页。

③ 《建国以来重要文献选编》第13册，中央文献出版社1996年版，第683页。

④ 《建国以来毛泽东文稿》第11册，中央文献出版社1996年版，第179—180页。

⑤ 同上书，第124页。

⑥ 《建国以来毛泽东文稿》第10册，中央文献出版社1996年版，第463页。

错误。①

在发动"文化大革命"前夕，毛泽东对身边工作人员说："我多次提出主要问题，他们接受不了，阻力很大。我的话他们可以不听，这不是为我个人，是为将来这个国家、这个党，将来改变不改变颜色、走不走社会主义道路的问题。我很担心，这个班交给谁我能放心。我现在还活着呢，他们就这样！要是按照他们的做法，我以及许多先烈们毕生付出的精力就付诸东流了。""我没有私心，我想到中国的老百姓受苦受难，他们是想走社会主义道路的。""建立新中国死了多少人？有谁认真想过？我是想过这个问题的。"②

为了防止形成贵族阶层和人民政权的变质，毛泽东提出以下设想：

巩固社会主义的经济基础。在1962年扩大的中央工作会议上，毛泽东指出，如果不建立社会主义经济，"无产阶级专政就会转化为资产阶级专政"③。

反对官僚主义。毛泽东一生对官僚主义深恶痛绝。建国后他多次发动反官僚主义的斗争。1962年1月30日他在扩大的中央工作会议上的讲话指出：怕群众，怕群众讲话，怕群众批评。……现在有些同志，很怕同志开展讨论，怕他们提出同领导机关、领导者的意见不同的意见。一讨论问题，就压制群众的积极性，不许人家讲话。这种态度非常恶劣。

1965年1月29日毛泽东在一份蹲点报告上的批示中指出：官僚主义者阶级与工人阶级和贫下中农是两个尖锐对立的阶级。这些人是已经变成或者正在变成吸工人血的资产阶级分子。他们怎么会认识足呢？这些人是斗争对象、革命对象。

20世纪70年代，毛泽东在谈及"文化大革命"中部分干部遭到批斗时说：有些干部为什么会受到群众的批判斗争呢？一个是执行了资产阶级反动路线，群众有气。一个是官做大了，薪水多了，自以为

---

① 《建国以来毛泽东文稿》第7册，中央文献出版社1992年版，第24页。

② 《毛泽东传（1949—1976）》，中央文献出版社2003年版，第1390页。

③ 《毛泽东文集》第8卷，人民出版社1999年版，第297页。

了不起，就摆架子，有事不跟群众商量，不平等待人，不民主，喜欢
骂人，训人，严重脱离群众。这样，群众就有意见。平时没有机会讲，
无产阶级"文化大革命"中爆发了，一爆发，就不得了，弄得他们很
狼狈。今后要吸取教训，很好地解决上下级关系问题，搞好干部和群
众的关系。以后干部要分别到下面去走一走，看一看，要坚持群众路
线，遇事多和群众商量，做群众的小学生。在某种意义上说，最聪明、
最有才能的，是最有经验的战士。①

必须坚决地反对党内和干部队伍中的腐败现象。1949 年他在七
届二中全会上毛泽东就发出全党必须警惕资产阶级糖衣炮弹攻击的
告诫。新中国成立后，他多次发动各种群众运动，反对各种腐败现
象。新中国成立初他领导全国开展了反贪污、反浪费、反官僚主义
的"三反"运动。1953 年，毛泽东针对官僚主义、命令主义等现
象，要求各级党委"在 1953 年结合整党、建党及其他工作，从处理
人民来信入手，检查一次官僚主义、命令主义和违法乱纪分子的情
况，并向他们展开坚决的斗争"②。1957 年开展了"以正确处理人民
内部矛盾为主题，以反对官僚主义、宗派主义和主观主义"为中心内
容的整风运动。

必须严格要求干部子女。毛泽东说："我很担心我们的干部子弟，
他们没有生活经验和社会经验，可是架子很大，有很大的优越感。要
教育他们不要靠父母，不要靠先烈，要完全靠自己。"③ 他告诫全党：
"我们不是代表剥削阶级，而是代表无产阶级和劳动人民，但如果我
们不注意严格要求我们的子女，他们也会变质，可能搞资产阶级复
辟，无产阶级的财产和权力就会被资产阶级夺回去。"1964 年 7 月 5
日，毛泽东与侄子毛远新有段谈话，反映了他对干部子女的担心。
当毛远新说到有一次游泳，天气很冷，在水里比上岸更暖和，还是

①　《建国以来毛泽东文稿》第 12 册，中央文献出版社 1998 年版，第 387—388
页。

②　中共中央党史研究室编：《中国共产党历史大事记（1919.5—1990.12）》，人
民出版社 1991 年版，第 201 页。

③　《毛泽东文集》第 8 卷，人民出版社 1999 年版，第 130 页。

在水里舒服。毛泽东当即瞪了他一眼说："你就喜欢舒服，怕艰苦。你就知道为自己着想，考虑的都是自己的问题。你父亲（毛泽民）在敌人面前坚强不屈，丝毫不动摇，就是因为他为了多数人服务。要是你，还不是双膝下跪，乞求饶命？我们家许多人都是被国民党、帝国主义杀死的。你是吃蜜糖长大的，从来不知道什么是苦。你将来不当右派，当个中间派，我就满足了，你没有吃过苦，怎么能当左派？"[①]

必须解决培养无产阶级革命接班人。毛泽东说："苏联出了修正主义，我们也有可能出修正主义；如何防止修正主义，怎样培养无产阶级的革命接班人？""我看有五条：第一条，要教育干部懂得一些马列主义，懂得多一些更好。第二条，要为大多数人谋利益，为世界大多数人谋利益。第三条，要能团结大多数人，包括从前反对自己反对错了的人。第四条，有事要跟同志们商量，要讲民主，不要'一言堂'。第五条，自己有了错误，要作自我批评。不要总是以为自己对，好像真理都在自己手里。无产阶级的革命接班人总是要在大风大浪中成长的。"[②]

在探索人民民主的具体形式方面，毛泽东走了弯路。长期以来，把社会主义制度的建立当作社会主义民主的实现，把社会主义民主的实质当作社会主义民主的形式，以致形成权力高度集中的体制，人民民主无法实现，最后发生了"文化大革命"那样的悲剧，使社会主义事业遭到严重挫折。

如何实现人民当家做主，是社会主义民主建设的一个重大问题。毛泽东的探索，对于我们今天仍然具有很强的借鉴意义。毛泽东晚年所担心的问题，也是我们今天需要高度重视的问题。

---

① 《毛泽东思想万岁》第 2 册，北京航空学院红旗战斗队翻印，1967 年 3 月，第 121 页。

② 《建国以来毛泽东文稿》第 11 册，中央文献出版社 1996 年版，第 85—87 页。

四

毛泽东与人民共同富裕

共同富裕，是千百年来中国人民的梦想。实现中国人民共同富裕，也是毛泽东的远大理想。1949 年新中国成立后，站起来的中国人民，在实现人民当家做主的同时，又在毛泽东的带领下，迈向共同富裕的征程。毛泽东为实现中国人民的共同富裕鞠躬尽瘁，死而后已。通过 28 年的新民主主义革命，毛泽东为建立社会主义制度创造了政治前提；通过三年社会主义改造，毛泽东领导中国人民建立了社会主义制度；通过 20 年的艰辛探索，毛泽东试图为中国人民探索出一条在社会主义制度下的共同富裕道路。

（一）共同富裕是毛泽东追求的社会公平的目标

毛泽东作为一位现代无产阶级领袖，他把共同富裕当作他一生领导中国人民革命和建设的终极目标。1955 年 10 月 29 日，他在工商业改造的座谈会上说："我们的目标是要使我国比现在大为发展，大为富、大为强。现在，我国又不富，也不强，还是一个很穷的国家。""但是，现在我们实行这么一种制度，这么一种计划，是可以一年一年走向更富强的，一年一年可以看到更富更强些。而这个富，是共同的富，这个强，是共同的强，大家都有份，包括地主阶级。地主过了几年之后，就有了选举权，他不叫地主了，叫农民了。资产阶级，总有一天，大约三个五年计划之内，就不叫资产阶级了，他们成为工人了。""这种共同富裕，是有把握的，不是什么今天不晓得明天的事。那种不能掌握自己命运的情况，在几个五年计划之内，应该逐步结束。"① 他认为一个公平的社会，应该是一个没有贫富分化，人人富裕的社会。他最初投身革命的目的，就是希望能建立一种保证人人都有饭吃的社会制度。毛泽东并不是一个民粹主义者，他并不认为共同富裕就是均贫富，认为共同富裕是建立在发达的生产力基础之上。所以他选择了现代社会化大生产的产物——社会主义作为实现共同富裕的路径。

毛泽东一生以追求社会公平为最高己任。对他而言，共同富裕本身就是一种最大的社会公平。共同富裕既是一个理想目标，又是一个过程，还是一个原则。在通向共同富裕的漫漫征途中，应该始终贯彻共同富裕的原则。对于毛泽东而言，社会公平应该是终极目标，经济效率应该从属于这个目标，应该服务于这个目标。公平是效率的归宿，也是效率的前提，公平可以促进效率。从这个角度来看，毛泽东可以说是"公平第一"的信奉者和践履者。毛泽东认为，即使效率很低，也应优先保证公平，因为公平是效率的目标。毛泽东并不是忽视经济效率，但在他心目中公平永远是第一位的，效率要始终为公平服务。

综观毛泽东一生对共同富裕的追求，毛泽东对共同富裕作了如下的设定：作为起点，共同富裕意味着所有的社会成员都应有相同的公平机会和权利，这是最终实现共同富裕的首要前提；作为过程，共同富裕意味着同步富裕，共同致富，宁愿慢点，反对个人"单干"致富。作为结果，共同富裕意味着所有人都过上了幸福、富裕的生活，所以共同富裕意味着同等富裕。同等富裕当然存在差别，但绝不是两极分化。

---

① 《毛泽东传（1949—1976）》上，中央文献出版社 2003 年版，第 446 页。

　　从毛泽东对共同富裕的内涵的设定看，他把共同富裕作为一项社会公平的标尺贯彻在他所探求的共同富裕的道路全程中。

（二）社会主义是实现共同富裕的制度保障

　　如何实现毛泽东所理解的共同富裕呢？毛泽东把社会主义视为实现共同富裕的制度保证，把现代化作为实现共同富裕的物质手段。

　　作为一个马克思主义者，毛泽东认为共同富裕不可能建立在落后的生产力基础上，那样只能是贫穷的普遍化——共同贫穷。社会公平是需要经济效率作物质基础的。他一生始终认为，社会主义是迄今为止人类最公正的一种社会制度。毛泽东坚信，只有一种公正的社会制度，才能实现共同富裕。共同富裕并不是社会财富公平分配的结果，因为"分配关系的历史性质就是生产关系的历史性质"①。在私有制条件下，永远不可能实现共同富裕，因为私有制是人与人之间产生贫富分化的根源。社会主义的经济基础是生产资料公有制。公有制可以铲除剥削的根源，可以消灭两极分化。社会主义的分配方式是"等量劳动领取等量报酬"。这是一种平等的分配方式，"平等就在于以同一的尺度——劳动——来计量"②。这种公平的财富分配方式，既能反对平均主义，激发每个人的积极性，又可以保证每个人靠自己劳动都富起来，不会在通向共同富裕的过程中产生两极分化。因为人的技能，体力差异是很小的，"搬运工和哲学家之间的原始差别要比家犬和猎犬之间的差别小得多，他们之间的鸿沟是分工掘成的"③，而"分工和私有制是两个同义词，讲的是同一件事情，一个是就活动而言，另一个是就活动的产品而言"④。所以"劳动上的差别不会引起在占有和消费

---

① 《马克思恩格斯全集》第 25 卷，人民出版社 1974 年版，第 998—999 页。
② 《马克思恩格斯选集》第 3 卷，人民出版社 1972 年版，第 11 页。
③ 《马克思恩格斯选集》第 1 卷，人民出版社 1972 年版，第 124 页。
④ 同上书，第 37 页。

方面的任何不平等，任何特权"①。社会主义的目的是"将以所有人富裕为目的"，因为"只有社会主义才可能广泛推行和真正支配根据科学原则进行产品的社会生产和支配，以使所有劳动者都能过上最美好、最幸福的生活。只有社会主义才能实现这一点，而且我们知道，社会主义一定会实现这一点，而马克思主义的全部困难和它的全部力量也就在于了解这个真理"②。毛泽东认为只有社会主义才能实现他所理解的共同富裕。所以他一生以在中国建立和建成社会主义为奋斗目标。社会主义能从起点（所有人在生产资料公有制面前平等占有生产资料）、过程（按劳分配）、结果（所有人都富裕）三个环节保证共同富裕的实现。

毛泽东锁定社会主义作为实现共同富裕的手段，不仅仅因为社会主义是一种公平的社会制度，还因为社会主义是一种能带来高经济效率的社会制度。社会主义是一种后资本主义社会，它是在吸纳了资本主义的所有积极成果基础上发展的一种制度。它比资本主义更能促进生产力的发展，更能带来物质财富的丰裕，因为它克服了资本主义的弊端。它消灭了资本主义生产的无政府状态，克服了社会化大生产和生产资料私有制之间的内在矛盾所带来的经济危机，铲除了资本主义制度下所有阻挡生产力正常发展的种种障碍，能保证物质财富在其应有高度和水平上得到提高。更为重要的是，社会主义能消除资本主义制度下物质财富在占有、分配和享受上的不平等状况，以及由此造成的社会成员的贫富悬殊和两极分化现象，逐步实现同社会化大生产条件下高度发达的生产力相当的社会公平和正义。所以毛泽东一生对资本主义是持批评态度的。对他来说，一定时期的资本主义存在是一种必然，但只是一种手段。他可以利用资本主义去为革命和建设服务，可以利用资本主义去发展生产力，尤其是民族资本主义，但他始终处处提防资本主义，最后消灭资本主义，因为走资本主义是一条漫长而又痛苦的道路。所以他晚年要在各个层面去铲除资本主义滋生的土壤，

---

① 《马克思恩格斯全集》第 3 卷，人民出版社 1960 年版，第 631—638 页。

② 《列宁全集》第 34 卷，人民出版社 1990 年版，第 356 页。

对农业实行社会主义改造的目的，是要在农村这个最广阔的土地上根除资本主义的来源，"合作社必须强调做好政治工作。政治工作的基本任务是向农民群众不断地灌输社会主义思想，批评资本主义倾向"①。"文化大革命"的一个主要目的就是打倒"走资本主义道路的当权派"。"斗私批修"、"兴无灭资"的目的就是消除资本主义产生的观念根源。

对于毛泽东来说，社会主义本身就是经济效率和社会公平的统一，社会主义的内在含义就在于从各个方面都能保证社会公平的实现。

（三）设计在社会主义制度下的共同富裕的道路

社会主义所要求的公平的实现必须是在资本主义生产力高度发达基础上才能保证。中国现实的社会主义却是在一个极其落后的半殖民地半封建社会基础上建立起来的。因为生产力发展水平相对落后，工业化未能实现，这种基础上的共同富裕其结果只能是共同贫穷。为此，晚年毛泽东依据马克思主义的基本原理，借鉴苏联社会主义实践的经验教训，从中国既有的国情和历史出发，设计了他心目中的共同富裕道路：建立先进的生产关系，在这种公平的社会制度下，通过现代化大力发展生产力。从此出发，毛泽东从经济、政治、文化三大层面进行了具体构划。

经济上，在全国建立社会主义公有制，建立实现共同富裕的经济制度保障。

在城市，通过资本主义工商业改造和手工业改造，建立起全民所有制和城镇集体经济。

在农村，通过合作化和人民公社化道路，建立农村集体经济制度，把农民纳入共同致富轨道，使农民原有的经济条件（土地、耕畜、农

---

① 毛泽东：《中国农村的社会主义高潮》（上），人民出版社 1956 年版，第 123 页。

具等生产资料私人占有）的差别逐步消失，从而不同农户间的经济收入水平和生活水平趋于均等化。毛泽东认为："就农业来说，社会主义道路是我国农业唯一的道路。发展互助合作运动，不断地提高农业生产力，这是党在农村中工作的中心。"[①] "发展农业可以有两条道路。一条是资本主义道路：让农民的命运掌握在地主、富农和投机商人的手里，极少数人发财而大多数人贫困和不断破产。一条是社会主义道路：让农民在工人阶级的领导下掌握自己的命运，共同富裕和共同繁荣。这两条道路的斗争在我国过渡时期中将长期地存在，但是，由于农业合作化的基本完成，我国绝大多数农民已经摆脱了前一条道路，走上后一条道路。今后的任务是要尽力巩固合作化制度，同时继续反对农村中的资本主义自发势力。"[②] 在毛泽东看来，使农民摆脱"陷于永远痛苦"状况的"唯一办法"是"集体化"，因为"只要合作化了，全体农村人民会一年一年地富裕起来，商品粮和工业原料就多了"[③]。在毛泽东看来，土地私有制是造成农村贫富不均，社会不公的主要根源。个体小生产是产生资本主义的温床，同时又不适应现代化机器生产的需要，造成社会生产力的低下。"协作提高了个人生产力，而且是创造了一种生产力。"[④] 因为协作是"许多力量融合为一个总的力量而产生的新力量"[⑤]。"互助组比单干，大社比小社更能发展生产力，大大增加农业产量。"[⑥] 毛泽东坚决反对单干，"单干势必引起两极分化……一年就要分化"，"单干就是走资本主义道路"[⑦]。毛泽东一

①　顾龙生编著：《毛泽东经济年谱》，中共中央党校出版社1993年版，第324页。

②　《建国以来重要文献选编》第10册，中央文献出版社2011年版，第560页。

③　毛泽东：《中国农村的社会主义高潮》上，人民出版社1956年版，第123页。

④　《马克思恩格斯文集》第5卷，人民出版社2009年版，第378页。

⑤　同上书，第379页。

⑥　毛泽东：《中国农村的社会主义高潮》上，人民出版社1956年版，第321页。

⑦　毛泽东：《在北戴河会议中心小组会议上的讲话》1962年8月20日。

方面不断探索和完善农村社会主义制度，另一方面反对各种资本主义道路倾向。毛泽东主张集体同步富裕，反对一部分人先富起来，因为那样会造成贫富分化。总之，毛泽东认为，在农村走集体化道路，既适应现代机器大规模生产的需要，能大大提高生产力，又可以使农村社会经济改造成为单一的生产资料集体所有制，便于统一经营，集中劳动，统一分配，这样就可以避免贫富分化，保证所有农民都能同时富裕起来。通过农业合作化，中国农村走上了通过社会主义实现现代化的道路，避免了资本主义农业现代化之苦。诚如依附理论的著名代表人物萨米尔·阿明指出的，资本主义根本解决不了农业问题。他说："我们经常忽视的是，当资本主义在它的中心解决了农业问题时，它是通过在外围制造更大的农业问题实现的，资本主义只能通过灭绝一半人类才能解决外围的严重农业问题。在马克思主义的传统中，只有毛主义理解这一挑战的严重性。因此，那些指责毛主义有农民性失误的人事实上缺乏理解帝国主义的分析能力，他们将帝国主义归结为一种关于一般资本的论述。"①

在确立社会主义生产资料公有制后，毛泽东相信在先进的生产关系下，人民的生产积极性、主动性、创造性一定会大大提高，因为人民第一次是为自己劳动。他相信公平的社会制度一定会为生产力的快速发展开辟广阔前景。毛泽东并不是不重视发展生产力，他把发展生产力、提高经济效益置于社会公平的目标之下。他在长期的革命斗争中就非常重视革命对生产力的解放作用。他认为新民主主义革命的目的就是为了解放和发展生产力，革命的实质是一场解放和发展生产力为中心的现代化运动。中国必须最终实现以工业化为中心的社会主义现代化，"在新民主主义的政治条件获得之后，中国人民及其政府必须采取切实的步骤，在若干年内逐步地建立重工业和轻工业，使中国由农业国变为工业国"②。"我们的总目标，是为建设一个伟大的社会

---

① 转引自河南省中华人民共和国史研究会秘书处编《国史研究参阅资料》，2004 年合订本（下），第 295 页。

② 《毛泽东选集》第 3 卷，人民出版社 1991 年版，第 1081 页。

主义国家而奋斗。"① 1954 年 9 月，毛泽东在第一届全国人大第一次会议的开幕词中提出："准备在几个五年计划之内，将我们现在这样一个经济上文化上落后的国家，建设成为一个工业化的具有高度现代化程度的伟大的国家。"② 正是在公有制确立后，以毛泽东为首的中共中央向全国人民发出了向"四个现代化"进军的号召。毛泽东相信优越的社会主义制度，一定会快速地把中国人民带向共同富裕。所以他在 1958 年在全国发动了"大跃进"，提出"超英超美"的战略目标。毛泽东是把共同富裕的实现建基于现代发达的生产力之上的，他对经济效率也是高度重视的。他在"文化大革命"提出的"抓革命"，也是为了"促生产"。为了迅速地发展生产力，毛泽东在 20 世纪 50 年代末提出了"多、快、好、省"建设社会主义的总路线。毛泽东还把大兵团作战和群众运动的方式运用于发展经济，"大跃进"和全民大炼钢铁就是这一产物。

如何在各地发展中保持同步前进呢？毛泽东运用计划经济有计划按比例发展规律，为全国发展设置了均衡协调发展目标，要求全国经济在综合平衡中发展，实现全国经济一盘棋。新中国成立后的几次西部开发，如大三线建设，就有在经济布局上均衡发展意图。

如何做到全国人民同时富裕呢？生产资料的公有制为全国人民提供了同样致富的机会和权利，按劳分配为全国人民提供了相同致富的手段。为了保证经济的发展，为发展提供相当的积累资金，毛泽东主张实行低工资制度。每次工资改革的指导思想是在实行低工资的前提下，既反对平均主义，又反对差别过大。为了真正贯彻"不劳动者不得食"原则，要求有劳动能力的人，都应参加劳动，因此在全国推行普遍就业，每个人都靠自己的劳动致富。健全社会主义集体福利和社会主义基本保障制度，使全体社会成员都能享受基本的社会财富。

总之，毛泽东在探索中国人民共同富裕道路上经济方面的设想是通过建立公平的社会经济制度，在此基础上去促进社会经济效率的提

---

① 《毛泽东著作选读》下册，人民出版社 1986 年版，第 715 页。

② 同上。

高，通过共同劳动，在生产力逐步发展基础上通过公平分配、同步同等实现共同富裕。

政治上，毛泽东非常注重用政治运动的方式去激发人们的政治热情，以高昂的政治激情去发展生产力。为了防止权力为少数人谋私的结果，避免人民的公仆沦为人民的主子，毛泽东经常用群众运动的大民主方式去反对腐败。经济上的公平需要政治上的平等和广泛的政治参与来保证。为此毛泽东极力想通过"群治"的方式去谋求政治上的公正。他想通过广泛的人民民主去充分调动生产力中最活跃的因素——人民群众的主动性、积极性、创造性，保证人民群众在经济、政治、社会各方面的主人翁地位。因为劳动者是"全人类的首要生产力"①。他对官僚主义深恶痛绝，对腐败更是毫不留情。为了防止他所领导的政权变为特权阶层的工具，他不惜砸烂他亲手建立的政权，发动"文化大革命"，以防止中国的社会主义政权沦为"修正主义"。毛泽东一生视人民为上帝，所以为了实现人民共同富裕，为人民富裕提供政治保证，一直在探索建立一个真正的政治平等、民有、民治、民享的人民政权。他要求人民公仆应具有高尚的政治情操、无私奉献的精神，为此他经常用整风、运动的方式去教育人民公仆。

文化上，毛泽东非常强调社会主义集体精神，要求人们大公无私。他鼓励人们应该见利思义。他提出政治工作是一切经济工作的生命线，在社会经济制度发生根本变革的时期，尤其如此。1958 年 2 月他在《工作方法六十条（草案）》中说："政治和经济的统一，政治和技术的统一，这是毫无疑义的，年年如此，永远如此。这就是又红又专。""思想工作和政治工作是完成经济工作和技术工作的保证"，"只要我们的思想工作和政治工作稍微一放松，经济工作和技术工作一定会走到邪路上去。"② 思想政治工作是实现共同富裕过程中坚持共同富裕方向的精神支撑，是人民以主人翁态度从事社会主义经济建设，正确处

① 《列宁选集》第 3 卷，人民出版社 1995 年版，第 821 页。
② 转引自陈益寿《毛泽东经济思想研究》，经济科学出版社 1993 年版，第 226 页。

理国家、集体、个人利益的重要保证。解决人们利益矛盾，单纯靠经济方法、行政方法、法律方法是不够的。要用社会主义共同富裕理想、共同富裕信念去为经济效率提供精神动力和方向保证。要鼓励人们多想大家富，少想个人发财，要走共同富裕、集体致富道路。个人富了不忘带动、帮助后富的。毛泽东晚年一直反对个人单干发家致富，所以他不仅铲除了个人发家致富的经济基础——私有制，而且还要人们进行灵魂深处的革命——"斗私批修"。他认为"人越穷越要革命"，"富了事情就不好办"①。他认为要富大家一起富，走共同致富道路，他之所以消灭私有制，乃至铲除个体经济，就是害怕一部分人利用剥削先富起来，在中国会出现贫富分化，出现他所担心的贫富两极分化，这与他追求的走集体致富的同步富裕道路是相违背的。毛泽东反对过分地强调物质刺激，反对人们对物质欲望和经济利益的过分追求。他所要求的共同富裕，也隐含了精神上的富有和道德情操高尚的内涵。他强调用思想教育鼓励人们为天下人发财，走大家一起富的道路。毛泽东还认为，思想政治"工作是艰巨的，必须根据农民的生活经验，很具体很细致地去做，不能采用粗暴的态度和简单的方法。它是要结合着经济工作一道去做的，不能孤立去做"②。显然，毛泽东反对割裂政治和经济的统一，凭空夸大主观意志的作用，把政治突出为可以代替一切，冲击一切，把政治工作简化为上纲上线，扣大帽子，而是强调政治和经济的统一。

新中国成立后，毛泽东殚精竭虑地探索实现中国人民共同富裕的道路。在他逝世前，中国人民的生活水平与新中国成立初相比有了一定的提高。中国人民在当时的生产力条件下，普遍地改善了生活，享受了最基本的医疗、教育、卫生、社会保障。虽然提高幅度不大，但在社会主义制度的保障下，基本上保证了几乎所有中国人的基本需要。特别是人均寿命，从1949年的35岁提到1975年的63.8岁。值得大书特书的是毛泽东时期，依靠人民公社制度，建立了面向中国所有农

---

① 毛泽东读苏联《政治经济学》教科书谈话记录（1959.12—1960.2）。
② 《建国以来毛泽东文稿》第5册，中央文献出版社1991年版，第497页。

民的基本医疗保障制度——赤脚医生制度。在 20 世纪 70 年代，是我国农村合作医疗的广泛普及和鼎盛时期。1976 年，全国实行农村合作医疗制度的生产大队的比重从 1968 年的 20% 上升到 90%①，由合作医疗保障的医疗保健服务覆盖了全国 85% 的农村人口。合作医疗保健被写进了 1978 年 3 月 5 日通过的《中华人民共和国宪法》，以国家根本大法的形式确立了其重要地位。赤脚医生制度在国际上也得到普遍关注。在 1974 年 5 月的第 27 届世界卫生大会上，第三世界国家普遍表示热情关注和极大兴趣。联合国妇女儿童基金会在 1980—1981 年年报中指出，中国的"赤脚医生"制度在落后的农村地区提供了初级护理，为不发达国家提高医疗卫生水平提供了样本。世界银行和世界卫生组织把我国农村的合作医疗称为"发展中国家解决卫生经费的唯一典范"。②

　　毛泽东时期全国人民生活水平不高，这一方面与毛泽东时期中国生产力水平不发达和毛泽东晚年的严重失误有关，一方面是中国人民通过几十年过"苦日子"、"紧日子"，将更多的积累投入了生产，为今天打下了实现现代化的物质基础。不能以今天的眼光批评毛泽东时期全国人民都过着共同贫穷的生活。如果以今天的生活标准看，几千年人民都过的是饥寒交迫的生活。因为共同富裕也是一个动态的概念，在不同时期富裕的内涵和标准是不同的。虽然不能说毛泽东时期实现了人民共同富裕，但中国人民生活有了普遍的改善，贫富悬殊程度有了极大减低，为今后实现共同富裕奠定了制度保障和物质基础。

　　毛泽东探索中国人民共同富裕道路的实践启示后人，生产关系的变革一定要适应生产力的水平，在提高经济发展水平的前提下，改善生产关系，改善社会分配原则；一定要以民为本，尊重人民的意愿，实现人民的利益，维护人民的权利；中国必须走社会主义现代化道路，坚持共同致富道路。应该允许一部分人先富起来，提倡先富帮后富，

---

　　① 周寿棋：《探寻农民健康保障制度的发展轨迹》，《国际医药卫生导报》2002 年第 6 期。

　　② 转引自李砚洪《赤脚医生》，《北京日报》2008 年 1 月 22 日。

推动社会在较高生产力水平下的共同富裕。

　　共同富裕问题仍然是实现伟大民族复兴的中国梦的头等难题。毛泽东一生对中国人民共同富裕问题的探索，对我们今天解决共同富裕具有极大的借鉴价值和历史启示。从历史长河来看，毛泽东探索中国人民共同富裕问题的经验和教训，都是我们今天仍然需要正确对待的宝贵的历史财富。毛泽东为我们今天根本解决共同富裕问题，奠定了政治前提和制度基础，积累了丰富的历史经验，留下了宝贵的历史启示。

五

毛泽东与人的全面发展

实现人的全面发展是社会主义的终极目标。因此，对毛泽东来说，在实现人民的政治翻身解放和经济共同富裕的同时，他孜孜以求的是人民的全面发展，实现"六亿神州尽舜尧"。毛泽东主要是通过教育来实现人民人格的彻底解放。通过让人民受教育，特别是思想政治教育，摧毁封建文化和资本主义文化的侵蚀，让人民从精神上、思想上和文化上站起来，成为社会主义新人，实现精神的解放，精神充实，道德高尚。"中国共产党不仅要改造中国社会，还要改造中国的人民。""它无疑是想把每一个中国人都改造成为有道德的好人。当然，这样做是很危险的。但这种办法行之有效，而且深受老百姓欢迎，其人数之多超过了你的想象。"①

（一）追求人的全面发展与个性解放

马克思和恩格斯在《德意志意识形态》中这样描述未来的共产主

---

① ［美］杰克·贝尔登：《中国震撼世界》，北京出版社 1980 年版，第 607 页。

义社会："在共产主义社会里，任何人都没有特殊的活动范围，而是都可以在任何部门内发展，社会调节着整个生产，因而使我有可能随自己的兴趣今天干这事，明天干那事，上午打猎，下午捕鱼，傍晚从事畜牧，晚饭后从事批判，这样就不会使我老是一个猎人、渔夫、牧人或批判者。"① 在马克思、恩格斯设想的共产主义社会，就是自由人的联合体，是一个人全面发展的社会。这也是毛泽东所追求的理想。

人的全面发展的一个重要特点就是个性得到充分发展。毛泽东主张发展个性。1944 年 8 月他在致秦邦宪的信中指出："被束缚的个性如不解放，就没有民主主义，也没有社会主义。"② 同时他又鲜明地指出："在阶级社会里就是只有带着阶级性的人性，而没有超阶级的人性。我们主张无产阶级的人性，人民大众的人性"，而不是"有些小资产阶级知识分子所鼓吹的人性"，因为他们所谓的人性"是脱离人民大众或者反对人民大众的，他们所谓人性实质上不过是资产阶级的个人主义"。③ 他认为个性解放离不开社会解放和发展。正是封建地主资产阶级扼杀人性、限制了人民的自由发展。在旧中国"民族压迫和封建压迫残酷地束缚着中国人民的个性发展……我们主张的新民主主义制度的任务，则正是解除这些束缚和停止这种破坏，保证广大人民能够自由发展其在共同生活中的个性"④。"国民党剥夺人民的自由，捆起人民的手足。"而中国共产党正是为了解放人民丰富多彩的个性，"解放区废止保甲制度，以及其他许多经济的、文化的和民众运动的要求，就是为着解开套在人民身上的枷锁"，为了"几万万人民的个性解放和个性发展"。

人的全面发展还表现为人格高尚，这就是毛泽东一生更为看重的高尚的人格精神。他在《纪念白求恩》中高度赞扬了白求恩这位国际共产主义战士的献身精神。"一个外国人，毫无利己的动机，把中国人民的解放事业当作他自己的事业，这是什么精神？这是国际主义的

---

① 《马克思恩格斯选集》第 1 卷，人民出版社 1995 年版，第 85 页。

② 《毛泽东书信选集》，人民出版社 1984 年版，第 239 页。

③ 《毛泽东选集》合订本，人民出版社 1967 年横排袖珍本，第 827 页。

④ 同上书，第 959 页。

精神，这是共产主义的精神，每一个中国共产党员都要学习这种精神。""一个人能力有大小，但只要有这点精神，就是一个高尚的人，一个纯粹的人，一个有道德的人，一个脱离了低级趣味的人，一个有益于人民的人。"①

在革命战争时期，无数共产党人、广大解放军将士，追求高尚的事业，践行高尚的人格品质，使自己精神境界得到提升。1956 年 11 月 15 日，毛泽东讲述了解放战争时期的解放军战士不拿群众苹果的故事。他说："锦州那个地方出苹果，辽西战役的时候，正是秋天，老百姓家里很多苹果，我们战士一个都不去拿。我看了那个消息很感动。在这个问题上，战士们自觉地认为：不吃是很高尚的，而吃了是很卑鄙的，因为这是人民的苹果。我们的纪律就是建筑在这个自觉性上边。这是我们党的领导和教育的结果。人是要有一点精神的，无产阶级的革命精神就是由这里头出来的。"②

新中国成立后，一些干部包括少数高级干部出现革命意志衰退现象，毛泽东对此忧心忡忡。他说："因为革命胜利了，有一部分同志，革命意志有些衰退，革命热情有些不足，全心全意为人民服务的精神少了，过去跟敌人打仗时的那种拼命精神少了，而闹地位，闹名誉，讲究吃，讲究穿，比薪水高低，争名夺利，这些东西多起来了。"为此，他号召："共产党就是要奋斗，就是要全心全意为人民服务，不要半心半意或者三分之二的心三分之二的意为人民服务。""我们要保持过去革命战争时期的那么一股劲，那么一股革命热情，那么一种拼命精神，把革命工作做到底。""而工作的时候就要有一股革命热情，就要一种拼命精神。有些同志缺乏这种热情，缺乏这种精神，停滞下来了。这种现象不好，应当对这些同志进行教育。""全党都要加强政治思想工作。"③

要实现人的全面发展，就必须建立在生产力的高度发展基础上。

---

① 《毛泽东选集》第 2 卷，人民出版社 1991 年版，第 659—660 页。
② 《毛泽东文集》第 7 卷，人民出版社 1999 年版，第 162 页。
③ 同上书，第 284—286 页。

马克思和恩格斯指出："没有蒸汽机和珍妮走锭精纺机就不能消灭奴隶制；没有改良的农业就不能消灭农奴制；当人们还不能使自己的吃喝住穿在质和量方面得到充分保证的时候，人们就根本不能获得解放"，"解放是由历史的关系，是由工业状况、商业状况、农业状况、交往状况促成的"①。新中国成立后，在铲除束缚人民群众个性发展的旧制度后，毛泽东在建立了保证人民全面发展的社会主义制度基础上，一方面大力发展社会生产力，另一方面强调通过发展教育实现人民的个性发展。毛泽东希望在高度发达的生产力的基础上实现人民的全面发展。但到了后期，毛泽东越来越强调通过教育，特别是思想政治教育，提升人的精神境界，实现人的全面发展。

（二）主张发展人民教育

毛泽东无论在新民主主义革命时期，还是在社会主义建设时期，都重视通过发展人民教育，提高人民的文化水平，消除封建文化和资产阶级文化的影响，消除人民的蒙昧状态，实现人民精神上的解放。

早在新文化运动期间，当时的启蒙思想家们就向几千年来神圣不可侵犯的封建礼教提出挑战，提出要改造国民性。他们大声疾呼："儒教不革命，儒学不转轮，吾国遂无新思想，新学说，何以造新国民？悠悠万事，惟此为大矣！"毛泽东年轻时受这种思潮的影响，认为："当今之世，宜有大气量人，从哲学、伦理学入手，改造哲学，改造伦理学，从根本上变换全国之思想。"② 在当时的毛泽东看来，救国必先"新民"。所以他组织发起了"新民学会"。这个学会"以革新学术，砥砺品行，改良人心风俗为宗旨"③。

五四运动后，马克思主义在中国广泛传播，是中国思想解放运动

---

① 《马克思恩格斯选集》第 1 卷，人民出版社 1995 年版，第 74 页。

② 《毛泽东早期文稿》，湖南出版社 1990 年版，第 85—86 页。

③ 《新民学会资料》，人民出版社 1980 年版，第 3 页。

的深入发展。在确立马克思主义信仰后的毛泽东看来，掌握了认识中国社会这个"必然"的科学武器，才能真正冲破封建思想的牢笼和资产阶级思想的束缚，中国人民才获得了思想"自由"的可能性。"这时，也只是在这时，中国人从思想到生活，才出现了一个崭新的时期。"①

随着革命实践经验的丰富，毛泽东认为，要改造国民性，必须改造社会，铲除产生旧思想的社会根源，把反对封建主义斗争的立足点和出发点从仅仅争取个人的个性解放，上升到争取人民群众的社会解放的高度，把反对封建主义斗争的方式，从由少数人的思想批判，发展到主要由人民群众进行的武器的批判。通过革命改变旧思想旧制度，通过革命推翻产生旧思想的社会制度。

毛泽东在注重实践的同时，也重视发展人民教育，提高人民的文化教育水平，同时加强对人民群众的思想政治教育，提高人民群众的思想觉悟。

1932年国际联盟的一份报告批评了中国教育体制脱离民众的弊端："一方面，中国人民群众处于文盲状态，不了解自己的国家的需要；另一方面，在奢侈讲究的学校培养出来的知识分子对群众的需求漠不关心，这两者之间横着一条深不可测的鸿沟。"②

1933年10月20日，中央苏区中央文化教育建设大会通过了《苏维埃学校建设决议案》，规定"苏维埃学校制度是统一的学制，没有等级，对一切人民，施以平等教育，所以需要普遍的消灭文盲，普遍的进行义务教育。"

1934年毛泽东在《中华苏维埃共和国中央执行委员会与人民委员会对第二次全国苏维埃代表大会的报告》中明确指出：苏维埃文化教育的总方针就"在于以共产主义精神来教育广大的劳苦民众，在于使文化教育为革命战争和阶级斗争服务，在于使教育与劳动联合起来，

---

① 《毛泽东选集》第4卷，人民出版社1991年版，第1470页。

② 国际联盟教育专家团的报告：《中国教育的重组》，转引自《剑桥中华人民共和国史》，上海人民出版社1990年版，第202页。

在于使广大中国民众成为享受文明幸福的人"。在毛泽东领导下的苏区，"一切文化教育机关都操纵在工农劳苦群众的手中，工农及其子女充分享受教育的优先权。苏维埃政府用一切方法来提高工农的文化水平。为了这个目的，给予群众政治上物质上的一切可能的帮助"①。

美国记者斯诺在《西行漫记》中写道："群众教育在情况稳定的苏区有了很大的进展。在有些县里，红军在三四年中扫除文盲所取得的成绩，比中国农村任何其他地方几个世纪所取得的成绩还要大，这甚至比过包括晏阳初在洛克菲勒资助下在定县进行的豪华的群众试验。在共产党模范县兴国，据说80%的人口是有文化的——比那个有名的洛克菲勒资助的县份还高。"②

在毛泽东的推动下，"根据苏区政府的号召，根据地人民按文化水准的不同、年龄、性别的差异、忙闲季节的更易、战争环境的变化，创办了各种宜农宜时的学习组织。如乡有识字运动总会，村有识字运动分会、识字小组、夜校等，仅江西兴国县，这类组织就有4078个，识字组员22519人"③。

对于苏区的教育成就，国民党的《中央日报》也承认苏区"教育问题，则颇堪吾人注意……其匪化一般儿童之成绩，已至足惊人"④。

1938年，毛泽东探索未来新中国的文化教育建设问题时，曾考虑创造出"群众参与的一种新型的社会文化"⑤。他在《要使人民离开愚昧状态》一文中指出："我们要使人民都能逐步地离开愚昧状态与不卫生状态，各地政府与党组织均应将报纸、学校、艺术、卫生四项文教工作，放在自己的日程里面。"⑥

---

① 毛泽东：《毛泽东同志论教育工作》，人民教育出版社1958年版，第13页。

② 埃德加·斯诺：《西行漫记》，生活·读书·新知三联书店1979年版，第159页。

③ 《中国的昨天与今天》，解放军出版社1989年版，第442页。

④ 钟贡勋：《江西农村视察记》，《中央日报》1935年3月15日。

⑤ 斯诺：《红星照耀中国》，李方准、梁民译，河北人民出版社1992年版，第390、389页。

⑥ 转引自韩红升《毛泽东人民教育观论纲》，中国社会科学出版社2004年版，第326页。

1945 年，毛泽东在《论联合政府》中指出："为着提高解放区人民大众首先是广大的工人、农民、士兵群众的觉悟程度和培养大批工作干部，必须发展解放区的文化教育事业。"①

　　对于陕甘宁边区的教育，《国民党关于边区文化教育事业状况的调查报告》指出："边区教育政策的目的在于提高人民文化政治水平……同时将教育从富有者手中解放，使全民不问贫富均有受教育、过文化生活之权利。……值得仿效。"②

　　新中国成立后，中国共产党要求："用马克思主义的思想原则，在全国范围内和全体规模上教育人民，是我们党的一项最基础的政治任务。""要肃清帝国主义思想、封建主义思想，批评一切非无产阶级思想，这样才能确立马列主义——工人阶级思想的领导权。"③

　　毛泽东提出社会主义国家的教育方针是："我们的教育方针，应该使受教育者在德育、智育、体育几方面都得到发展，成为有社会主义觉悟的有文化的劳动者。"④

　　1961 年，毛泽东在接见毛泽覃的原配夫人的继子赵迎等人时说："我对农村教育工作确实考虑得少了一点。我们是文明古国。旧社会人民缺少文化，受人欺压，这教训不能忘，要在农村普及文化。现在办学有困难，可以发动群众办，分散办，办农校、夜校。过去，我在韶山办过夜校，让群众晚上上学。等条件好了，再普及小学、中学教育。我们总要为农民兄弟做点好事才行啊！"⑤

　　1964 年针对当时学校教育中存在的问题，毛泽东在对"北京一个中学校长提出减轻中学生负担问题的意见"的批示中尖锐地指出："学校教育要实行启发式教育，反对注入式。"而现在一些学校"课程

　　① 毛泽东：《毛泽东同志论教育工作》，人民教育出版社 1958 年版，第 84 页。

　　② 中国历史第二档案馆编：《中华民国史档案资料汇编》第五辑第二编教育（二），江苏古籍出版社 1991 年版，第 546 页。

　　③ 《刘少奇选集》下卷，人民出版社 1985 年版，第 82—83 页。

　　④ 毛泽东：《关于正确处理人民内部矛盾的问题》，《人民日报》1957 年 6 月 19日。

　　⑤ 李琦编著：《毛泽东与联系群众》，中央文献出版社 2004 年版，第 241 页。

太多，对学生的压力太大。讲授又不甚得法。考试方式以学生为敌人，进行突然袭击。这三项都不利于培养青年在德、智、体诸方面生动活泼、主动地得到发展"①。

对于新中国成立后毛泽东时代的教育，美国学者迈斯纳写道："在毛泽东时代，教育机构和受教育机会得到了普遍的发展，大量的文盲转变成为有文化的人，并且建立了过去从未有过的比较普遍的医疗卫生系统。"② 美国学者罗斯基也认为，"毛泽东等人在大众教育方面的努力，为中国近代的教育改革乃至社会变革作出了重要贡献"。"无论从狭义的民众扫盲目的或广义的文化过渡目的上说，都在中国教育史上成功开辟了一个新的时代。这比晏阳初、梁漱溟等强调农村教育应为农民的观点，是在文化教育变革意义上的一次推进。"③

1957年整风"反右"运动后，毛泽东认为，革命推翻了封建的地主政权和土地所有制，铲除了资产阶级思想产生的经济基础，还要进行思想文化革命，从思想观念方面破旧立新。"我国社会主义和资本主义之间在意识形态方面的谁胜谁负的斗争，还需要一个相当长的时间才能解决。"④ 所以他后来越来越注重意识形态领域的斗争，直至"文化大革命"中提出破"四旧"，号召进行"斗私批修"，进行灵魂深处的革命，走入了探索人的全面发展的歧路。

（三）晚年提出五七道路的实践与失误

新中国成立后，毛泽东除了通过教育来培养"社会主义新人"

① 《中华人民共和国教育大事记（1949—1981）》，教育科学出版社1984年版，第355页。

② ［美］莫里斯·迈斯纳：《毛泽东的中国及后毛泽东的中国》，四川人民出版社1989年版，第542页。

③ 转引自丁钢《中国教育的国际研究》，上海教育出版社1996年版，第80—81页。

④ 《毛泽东文集》第7卷，人民出版社1999年版，第231页。

外，到了晚年，他更强调在实践中实现人的全面发展。他认为，社会主义新人，应该"进厂是工人，下地是农民"，"拿起锤子能做工，拿起锄头、犁耙能种田，拿起枪杆子就能打敌人，拿起笔杆子就能写文章"。① "文化大革命"初期他提出了走五七道路。

毛泽东在1953年就设想：农业要全部变成国营农场，工农才会只是职业上的区别，无工人跟农民之分。意即农业工业化，以消除工农差别。他说，农民都要变成农业工人，是要发薪水的。②

1966年5月7日，毛泽东在给林彪的信中，提出各行各业都要办成亦工亦农、亦文亦武的革命化大学校。这封信后被称为《五七指示》。按照这个指示指引的道路即所谓五七道路。毛泽东在信中指出："人民解放军应该是一个大学校。""这个大学校，要学政治，学军事，学文化，又能办一些中小工厂，生产自己需要的若干产品和与国家等价交换的产品。这个大学校，又能从事群众工作，参加工厂、农村的社会主义教育运动……使军民永远打成一片；又要随时参加批判资产阶级的文化革命斗争。这样，军学、军农、军工、军民这几项都可以兼起来。""同样，工人也以工为主，也要兼学军事、政治、文化。也要搞社会主义教育运动，也要批判资产阶级。在有条件的地方，也要从事农副业生产，例如大庆油田那样。""公社农民以农为主（包括林、牧、副、渔），也要兼学军事、政治、文化，在有条件的时候也要由集体办些小工厂，也要批判资产阶级。""学生也是这样，以学为主，兼学别样，即不但学文，也要学工、学农、学军，也要批判资产阶级。学制要缩短，教育要革命，资产阶级知识分子统治我们学校的现象，再也不能继续下去了。""商业、服务行业、党政机关工作人员，凡有条件的，也要这样做。"③

实现人民的全面发展，是中国共产党人的远大追求，也是一个漫

① 《人民日报》社论1966年8月1日。

② 毛泽东1957年9月7日在武汉同湖北省部分地区的地委书记座谈时的讲话，转引自苏晓云《毛泽东农民合作组织思想与实践研究》，中央编译出版社2012年版，第246页。

③ 《建国以来毛泽东文稿》第12册，中央文献出版社1998年版，第54页。

长的过程。毛泽东为了实现人民的全面发展，提出过许多有益的设想，进行过艰辛的探索。晚年毛泽东提出的五七道路，反映了毛泽东的理想，却存在严重的空想。毛泽东的目标虽然没有实现，但却给后人留下深深的思考。

人的全面发展，是一个长期的历史过程，是在从社会主义初级阶段到社会主义高级阶段，再到共产主义的阶段里逐步实现的，绝非一朝一夕所能成就的。毛泽东晚年走五七道路的实践，是在"文化大革命"的错误理论和实践下的重大失误。

结　语

毛泽东永远生活在人民中间

毛泽东的一生是献给中国人民的一生。他是第一个喊出"人民万岁"的人。毛泽东始终对人民大众充满了浓郁的情愫，他将新生的政权定为"人民共和国"，将国体定为"人民民主专政"，将政体定为"人民代表大会制度"，将党的宗旨明确为全心全意为人民服务。他晚年犯错误的初衷也是为了防止中国人民吃"二茬苦"。毛泽东使中国人民从此站了起来，开始当家做主，迈上共同富裕的征程，为全面发展奠定了基础。虽然他晚年错误严重，但作为人民领袖，他永远活在中国人民心中。

1937 年，毛泽东在同英国记者詹姆斯·贝特兰谈话后，詹姆斯·贝特兰认为，"毛泽东是地道的中国人，他从未离开过中国，在生活中紧密地与人民打成一片，特别是与中国的工人和农民打成一片。""中国革命没有列宁，但如果说有谁同中国民众之间的关系，就像列宁在一生中同欧洲工人的关系一样的话，那么，这个人就是毛泽东。"① "毛对于战

---

① 《毛泽东自述》，人民出版社 1996 年版，第 251—252 页。

争的整个分析，使我印象最深的是：他充分相信中国人民，相信中国革命的前途。"①

1939年，斯诺再次采访毛泽东后评价他，"可以用毛的智慧来说明他在共产党里的领导地位，但是这说明不了指战员们对他的爱戴。在说话时，他善于把复杂的问题讲得连没有文化的人也听得懂。他惯用俗话和家常的比喻；他从不向听者讲大话，而总是以平等的口气和人谈话。他和人民之间是交心的；他和群众的思想从来都是沟通的"②。"虽然毛无疑是中国共产党人中最杰出的人物，他决不是一个独裁者。他是靠众人的折服而成为领袖的，他的所有决定都是讨论的结果，是集体的判断。"③

美国作家斯特朗认为，毛泽东是东方最伟大的思想家，他的理论和思想方法是今天东方殖民地和半殖民地国家的民族解放和民主建设运动的指南。他的"新民主主义"的理论也许已经影响了战后欧洲新政府的形式，他对于走向国家独立，人民的民主和民生道路的分析，不仅为了中国人民指出一条道路，并且为东南亚半殖民地国家中的十万万人民也规划出一条道路——这十万万人乃是合人类的半数。④

中国著名作家萧三认为，"毛泽东同志的精神是全心全意为人民服务，一刻也不脱离群众，一切从人民利益出发，向人民负责。认识'人民，只有人民，才识创造世界的动力'。他热爱人民群众，经常细心倾听群众的呼声，时时处处和群众打成一片。他是人民群众的领袖，但不高居于群众之上，而是结合于群众之中，他恭谨勤劳，做群众的学生，认识'群众是真正的英雄'，所以成为群众的先生。他的领导方法是'从群众中来，到群众中去'，和'集中起来，坚持下去'。他时刻准备坚持真理，时刻准备修正错误，一切依人民利益为依归。他的作风是'理论与实践相结合的作风，和人民群众紧密地联系在一起

---

① 《毛泽东自述》，人民出版社1996年版，第256页。

② 同上书，第163页。

③ 同上书，第168页。

④ 斯诺等：《早年毛泽东：传记、史料与回忆》，生活·读书·新知三联书店2011年版，第190—191页。

的作风与自我批评的作风'（《论联合政府》），是谦虚、谨慎，戒骄、戒躁的作风，是老老实实、诚诚恳恳的作风，是科学的作风，他的感情是人民群众的感情，他的喜、怒、哀、乐是人民群众的喜、怒、哀、乐。毛泽东同志——人民的领袖！毛泽东同志——中国真正大智大勇大仁的人物！中国广大的老百姓称他为'毛圣人'、'救星'、'福星'……是的，毛泽东同志——中国有史以来第一个真正的救人民的，为人民造福的圣人！""毛泽东思想是中国革命、中华民族、中国人民获得真正独立自由民主解放的指南针。"①

毛泽东一生视人民为上帝。

1975 年 10 月 8 日，毛泽东在会见南斯拉夫外宾时说："人民就是上帝。"② 这一思想毛泽东早在新民主主义革命时期就提出了。

1945 年在七大的闭幕词中，毛泽东讲了"愚公移山"的故事，指出"我们也会感动上帝的。这个上帝不是别人，就是全中国的人民大众"。

1948 年 4 月，毛泽东在五台山附近的繁峙县伯强村与村干部和群众座谈时，毛泽东问村干部："这里离五台山有多远？五台山有佛爷没有？"他在听完群众介绍后说："不要迷信庙里的佛爷，人民大众才是真正的佛爷！我们要依靠人民大众，团结起来，做天下的主人。"③

毛泽东从来不怕群众。

1958 年 3 月 21 日，毛泽东在四川灌县县城郊外，看到许多茗田，就健步走到两位正在劳动的老农面前，和他们握手，毫不介意他们满手的泥巴。两位老农一开始没认出毛泽东，以为是县里的干部。所以就无拘无束地聊起来。在聊天的过程中，其中的一位老农认出了毛泽东，十分兴奋地说："你是毛主席？！"毛泽东微笑着点点头。这个老农十分兴奋地说："过去蒋介石来灌县的时候，总是叫人把我们按在茗田里不准出来，生怕我们会刺杀他。今天毛主席您来了，这些农二

① 斯诺等：《早年毛泽东：传记、史料与回忆》，生活·读书·新知三联书店2011 年版，第 442—443 页。

② 李琦编著：《毛泽东与联系群众》，中央文献出版社 2004 年版，第 255 页。

③ 同上书，第 256 页。

哥却可以随便见，还跟您一道'摆龙门阵'，新旧社会硬是不一样啊！"①

　　在"文化大革命"初期，他在接见红卫兵时，不听劝阻，执意走下城楼，走入欢呼他的群众之中。为了毛泽东的安全，叶剑英元帅坚持要为毛泽东准备防弹服，但遭到了解毛泽东秉性的汪东兴的婉拒。最后叶剑英委托毛泽东的生活"管家"吴连登把准备好的防弹服送给毛泽东。毛泽东看了一眼，示意赶快拿走，并说："如果你们怕群众，你们拿去穿。我毛泽东不穿，人民群众不会搞我的，坏人想搞我搞不了。"②

　　人民把毛泽东当作救星。

　　1954年，全国劳动模范申纪兰当选全国人大代表赴北京开会，离开山西西沟时村民们说："纪兰你可当上全国代表了，说甚也要把毛主席投到国家主席上去。"③

　　1976年9月，毛泽东去世的噩耗传来，西沟震动了，没有人相信这是真的。村民们在西沟搭设灵堂，追悼毛泽东，所有人哭成了一片。

　　申纪兰说：

> 　　毛主席是人民的大救星，他带领中国共产党让穷苦人民翻身做了主人。我一个农家女儿，就因为爱劳动，他老人家接见了我三次。让我这个大字不识的农民走进北京，走出国门，代表农民去开党的会议，参加国家建设。从1951起我在妇救会接受党的教育开始，到1953年我光荣加入中国共产党，再到被评为全国劳动模范，代表农民参加人民代表大会，我是一步一步跟着党走到今天。党培养了我，让我在新社会活得像个人。我怀着感恩的心报答党报答毛主席。

<hr />

① 　李琦编著：《毛泽东与联系群众》，中央文献出版社2004年版，第207页。

② 　《凤凰卫视新年纪录片披露鲜为人知的毛泽东传奇》，中国新闻网http：//www.news.sina.com.cn，2003年12月31日。

③ 　申纪兰：《忠诚　申纪兰60年工作笔记》，北京联合出版公司2011年版，第75—76页。

这年，我去北京参加了毛主席纪念堂的建筑劳动，参加劳动的大都是全国的劳模，劳动时谁都不说话，休息时坐在一起，说着说着就都哭了。①

　　毛泽东身边的人说：毛泽东来自人民，把自己的一生献给了人民。我们长期在毛泽东身边工作，看到的毛泽东是廉洁奉公，敏而好学，生活简朴，贴近人民。他的精神、思想、学识、智慧、骨气、品德，为世人多称道。②

　　毛泽东犯过错误，但面对自己的错误，他敢于承认，并积极改正。1959 年 7 月 23 日，毛泽东在庐山会议上的一次讲话中，就大办钢铁运动和人民公社化运动推进过于仓促的问题作了自我批评，"我是一个 1070 万吨钢，9000 万人上阵，这乱子就闹大了，自己负责"。③

　　毛泽东一家为了中国人民翻身解放、当家做主、共同富裕和全面发展，牺牲了六个亲人。他自己一生却过着简朴的生活，他也没有给他儿女留下任何遗产。美国记者埃德加·斯诺说："毛的棕色皮鞋已经需要擦油了，一双纱袜松松地掉到了脚踝上。毛的家和其他高级官员的家庭够不上台湾有人批评他们的'铺张浪费。'他的'享受'大致相当于长岛一个事业顺利的保险公司推销员在较好的牧场式平房里享受到的东西。"英国前首相爱德华·希思回忆道："（我们）是在他的书房里会见的。那是一间陈设简朴的房间，周围摆满了书和他伏案批阅的文件。我之所以提到他个人的生活方式，是因为，毫无疑问，亿万中国人感到，他同他们过着同样的日常生活。"前西德基社盟主席弗朗茨·约瑟夫·施特劳斯在回忆被毛泽东接见时说："我看到，疾病正在消耗他的体力，他的生活绝对简朴。"

---

　　① 申纪兰：《忠诚　申纪兰 60 年工作笔记》，北京联合出版公司 2011 年版，第 133 页。

　　② 《历史的真实——毛泽东身边工作人员的证言》，香港利文出版社 1996 年版，第 224 页。

　　③ ［美］莫里斯·迈斯纳：《毛泽东的中国及后毛泽东的中国——人民共和国史》，四川人民出版社 1990 年版，第 313 页。

毛泽东逝世时，各国政要高度评价了毛泽东。

法国前总统德斯坦认为："由于毛泽东的逝世，人类思想的一座灯塔熄灭了。现代社会变化很快，很多国家元首都被人忘记了，只有少数人仍被人所知。例如法国的戴高乐将军，法国人却知道他，敬重他、那么在中国，毛泽东也是一样。另外，现代社会的国家领导人并不体现一种哲学思想。他们只是解决一些问题，诸如经济、社会、军事等。法国人却认为毛泽东体现了一种哲学思想，并且努力地把它付诸行动。这正是我们对政治的认识。我们在1789年进行的大革命，正是为了一种哲学思想。我们清楚地认识到毛泽东思想也正是使中国走向一种哲学，即给予中国人民最大的权力和最高的地位。"

巴基斯坦前总理本·布托认为："毛泽东的思想将继续指导各国人民和各民族的命运，一直到太阳永不再升起。如果仅仅是从中国的范围来衡量他的划时代的功绩，那将有损于对这位非凡人物的纪念。我的思想和感情，像我的同胞一样，极为悲恸沉痛。这位人物的谦虚和幽默，他的光荣和伟大，他的英勇和胜利，将永垂青史。毛泽东的名字将永远是穷人和被压迫者的伟大而正义的事业的同义语，是人类反对压迫和剥削的斗争的光辉象征，是对殖民主义和帝国主义的胜利的标志——'是幻觉还是梦境？日出雾散，是梦还是醒？'我们巴基斯坦将永远怀着敬意纪念不朽的毛泽东。"

墨西哥前总统埃米略·希尔认为：毛泽东通过他一生的伟大教导，不仅给中国人民而且给全世界留下了十分重要的遗产。

对于毛泽东对中国人民的贡献，英国学者迪克·威尔逊认为，对许多海外华人来说，毛是个英雄。他使中国站起来反抗外国的压迫，特别是西方和俄国的压力。加拿大记者马克·盖恩认为，毛泽东统一了中国，给予人民一套新的道德观，提高了工农的地位，并在中国建立了一个廉洁的政府。

对于毛泽东对世界人民的贡献，美国前总统尼克松之女朱莉·尼克松·艾森豪威尔认为，毛的一生，也许超过所有其他人，已经使全世界的穷人产生了强烈的和日益增长的革命要求。

毛泽东一生献给了中国人民，由于他晚年犯了严重错误，所以对他的评价产生了巨大的分歧。在这里，评价毛泽东，应该超越感情和利益羁绊，客观公正地评价。在这方面，黄克诚为我们树立了榜样。黄克诚在1959年庐山会议上就被打倒，在"文化大革命"中历尽磨难。在20世纪80年代初，不少人带着情绪化评价毛泽东时，黄克诚客观地评价了毛泽东。

黄克诚认为毛泽东晚年的错误，是一个伟大革命家犯的错误，一个伟大的马克思主义者犯的错误。

毛泽东犯错误的原因，除"有着深刻的社会根源和历史根源"外，例如，"社会主义民主和法制不健全的状况，使广大人民群众和各级国家机关无法制止我们党在毛主席晚年所犯的错误"，但就个人方面的原因，主要是：第一，"革命胜利了，不谨慎了，接触实际、接触群众少了，民主作风差了，听不进不同的声音，谁不听他的话，他就整谁"。第二，"年纪大了，固执了，没有及时引退。老人家如果及早引退，那就是世界上完美的大革命家了"。他"晚年的雄心壮志仍然非常大，想在有生之年把几百年才能办到的事情在几年内办到，结果出了许多乱子"。第三，身体不好也是一个重要原因，"毛主席为革命苦心焦虑，经常昼夜难眠地考虑问题，患了严重的失眠症，大脑经常处于高度的紧张状态。1958年我和他接触时，就感到他虽然只有60多岁，但脑子已紧张过度了。脑子紧张过度，就要出乱子。我现在就有这个体会，脑子一紧张，说话就没有分寸了"。

黄克诚认为，毛泽东犯错误的历史教训应当永远记取，这就是要很好地处理领袖和权力的关系。

黄克诚认为正确评价毛泽东和毛泽东思想，应该做到：第一，顾全大局，跳出个人恩怨的圈子；第二，不能把一切错误都推到毛主席一个人身上；第三，毛泽东的功绩远远大于他的过失。他的功绩是第一位的，错误是第二位的；第四，扬弃毛泽东错误的理论和错误的实践，坚持他正确的内容；总结历史经验，吸取深刻教训，不断丰富和发展毛泽东思想，在这面光辉的旗帜上写下新的篇章。

黄克诚针对当时党内有些人存在的糊涂认识，中肯地批评说："现在有人要丢掉毛泽东思想这面旗帜，甚至把毛主席的正确思想、言论也拿来批判。我认为这样做是把中国引上危险的道路，是要吃亏的，是会碰得头破血流的。""毛主席根据马列主义的基本原理领导并总结了中国革命的实践，写了一系列的著作，形成了毛泽东思想，成为中国共产党人和全国人民的精神武器。毛泽东思想是我们千百万共产党员和亿万革命群众用血汗凝成的宝贵财富……将长期指导我们的行动。"他发人深省地问道："我们这样大的一个党，这样一个十亿人口的大国，总要有个思想武器作指导。……如果丢掉了毛泽东思想，拿什么东西来代替呢？……难道要请孔夫子！请'三民主义'回来？那是过去的历史，中国革命已经证明过了时的和行不通了的！那么，是不是要把西方资本主义的那一套搬来呢？我看也是不行的！近代中国历史证明，只有马列主义、毛泽东思想才能救中国。……今天，我们要团结人民、战胜困难、聚精会神、同心同德地搞四化，还要靠毛泽东思想。……毛泽东思想的基本宗旨、原则将长期是我们党的指导思想。""丢掉了毛泽东思想，造成党和人民的思想混乱，我们的社会主义国家就可能变质，子孙后代就会受罪。"[①]

黄克诚对毛泽东的评价，是一个革命者抛弃了个人恩怨后的中肯的评价，是值得后人警醒的金玉良言。

毛泽东晚年的失误，属于探索中的失误。诚如列宁所说："在这样崭新、艰难和伟大的事业中，缺点、错误和失误是不可避免的。""对这些缺点采取讥笑（或幸灾乐祸）态度的，除了维护资本主义的人以外，就只有那些毫无头脑的人了。"我们应该从中汲取教训，而不是一味苛求前人，更不能因此否定他。

在毛泽东诞辰一百周年纪念大会上，江泽民说："毛泽东同志作为一个伟大的历史人物，属于中国，也属于世界。毛泽东同志永远生活在我们中间；我们要认真学习他的科学著作，从中汲取智慧和力量。中国出了个毛泽东，是我们党的骄傲，是我们国家的骄傲，是中华民族的骄傲。我们对毛泽东同志永远怀着深深的尊敬和爱戴之情！"

---

① 黄克诚：《关于对毛主席评价和对毛泽东思想的态度问题》，《人民日报》1981 年 4 月 11 日。

　　在毛泽东诞辰一百一十周年纪念大会上，胡锦涛说："毛泽东同志的革命实践和光辉业绩已经载入中华民族的史册。他的名字、他的思想、他的精神，将永远鼓舞着我们继续推动中国社会向前发展。中国共产党和中国各族人民永远敬仰和怀念毛泽东同志！""毛泽东思想是马克思列宁主义在中国的创造性运用和发展，是被实践证明了的关于中国革命和建设的正确的理论原则和经验总结，是中国共产党集体智慧的结晶。在任何时候任何情况下，我们都要始终高举毛泽东思想的伟大旗帜。"

　　中共十八大后，习近平在中央政治局集体学习时指出："丢掉了马列主义、毛泽东思想，就丧失了根本。"在纪念毛泽东诞辰120周年座谈会上，习近平高度评价了毛泽东的伟大功绩，提出毛泽东是马克思主义中国化的伟大开拓者的新论断。

　　毛泽东依靠人民，为人民服务的思想和实践，是中国共产党的宝贵财富，也是中国共产党的办党宗旨。十八届党中央正在全党推进群众路线的教育实践活动，正是在继承和发扬依靠人民和为人民服务宗旨下展开的。

参考书目

《毛泽东选集》，人民出版社 1991 年版。

《毛泽东文集》，人民出版社 1993—1999 年版。

《毛泽东年谱（1993—1976）》，中央文献出版社 2013 年版。

《建国以来毛泽东文稿》，中央文献出版社 1987—1998 年版。

《毛泽东早期文稿（1912.6—1920.11）》，湖南出版社 1990 年版。

《毛泽东传（1893—1949）》，中央文献出版社 1996 年版。

《毛泽东传（1949—1976）》，中央文献出版社 2003 年版。

斯诺等：《早年毛泽东：传记、史料与回忆》，生活·读书·新知三联
    书店 2011 年版。

李慎明：《忧患百姓忧患党——毛泽东关于党部不变质思想探寻》，社
    会科学文献出版社 2012 年版。

李琦编著：《毛泽东与联系群众》，中央文献出版社 2004 年版。

黄允升、李新芝编：《毛泽东逸事》，中央民族大学出版社 2012 年版。